U0070611

面相故事

第二集

沈氏相法系列

沈全榮 著

自序

　　世界上未開發的土地，不在非洲，也不在西伯利亞，而是在每個人帽子底下的那張面孔。

　　所羅門王曾留下一句名言：「將你所得的一切，去換取一個瞭解。」瞭解這兩個字，第一是瞭解自己，第二是瞭解別人。

　　面相學雖不入流，但二千多年前，老祖先以無數生活經驗，留下智慧結晶，相人術，在二十一世紀的當今，儼然成為一門顯學。

　　老沈三十歲接觸面相之學，發現這門中國古神祕文化，博大精深，入門容易，探精則難，因為古相書用詞艱澀，且無實體圖片供驗證學習，所以最初學習面相時，猶如瞎子摸象，易以偏概全。為突破習相困境，當年踏遍各地書局，有幸購得當代相學大家著作，如蕭湘居士之《蕭湘相法大全》，飛雲山人之《相學階梯》、《看相說故事》等相書。

　　其中，飛雲山人《看相說故事》共五集，內容生動，引人入勝，開啟老沈面相學習捷徑，至今仍受用無窮。老沈東施效顰，拾飛雲前輩牙慧，抓貓畫虎，在臉書社團「愛上面相棧」開設「面說故事」專欄，先前之百餘來篇已編輯成冊，名為《面相故事》第一集；今再將一百篇集冊出版，是為《面相故事》第二集。

　　本書重點，著重在實務驗證，透過真實故事情節，分析解說各種不同相理，及其命運對應休咎，讓初學者藉由故事的描述，相理的拆解，進而認識面相的玄妙與深奧！老沈沒開館設硯，不事王侯，高尚其事；謹用自己智慧之鑰，開啟自己命運之鎖匙。面相探索，不失是把智慧之鎖，期待「面相故事」引領大家，一起找到智慧之鑰，開啟自己命運之鎖！

沈全榮 謹識

2021年5月於屏東車城・好林居

目　錄
CONTENTS

第101篇
氣色黯沉，禁忌旅外投資！

　　命運要到哪兒尋找？其實命運就寫在臉上，它不因你不相信，就享有豁免權！

　　一年前，一位學生與老沈討論看相的案例，她說有位相識不久的女友人，要到大陸投資美容業，臨去大陸前向她求相，問這投資可不可行？

　　這位門生跟隨老沈習相多年，觀相功力已入木三分，她已經能夠精準的獨立論相，這回面對求相者的問題，她對這位年約四十來歲的問相者說：「從面相觀看投資，要看三個部位，一、首先觀看額頭外上部山林驛馬之遷移宮位，二、要看印堂鼻子，三、重點在眼睛旳眼神與氣色。」

　　對方問：「那我這三個部位相理好嗎？」

　　學生給說道：「五官相理是不錯，但問題是，問投資在乎氣色，目前的妳氣色偏黯沉，所以不宜貿然旅外投資。」

　　學生幫這位友人看完相後，並以電話告訴老沈，有關她的論法對不對，要我給她一個講評，老沈說：「妳的論點十分到位，凡遷移宮氣黯不明者，就是不宜旅外或是投資，只要投資必見損財。」

　　我問學生：「妳的好言相勸，她聽進去了嗎？」學生說：「她眼神飄流不定，心神不寧，怎會聽進我的勸呢？」佩服，老沈還真佩服這位優秀門生，能夠抓住問題的重點，她說的極對，眼神飄浮不定者，當然聽不進別人的忠言相勸；隨之我補了句說：「她此番大陸投資，必是會鎩羽而歸！」

　　面相好好玩，以氣色用在投資理財管理，十分管用，但又有幾人能夠認真探討它存在的價值。

　　天道酬勤，此話為真。如果每個人都可以不用認識自己，率性而

為，那普天下又那來的富貧顯愚之分，又那來的財產重新分配的問題。

事隔一年了，就在前些天，學生又來電說，這位鐵齒的朋友，回到了台灣，主動找上門向她傾訴，說到她大陸的投資大敗收場，非常的淒慘云云……。

電話中學生說，看見她下巴地閣變尖削，立馬問她：「妳的下巴去削骨整型嗎？」她說：「是在大陸作了削骨美容。」

這問題可大了！學生對老沈說：「老師，她真的很淒慘，她不但賠上現金，還賣了家當了事。」、「我直搖頭，她到大陸投資，竟然也把晚運給賠掉了，我真為她晚年擔心難過……！」

沒錯，地閣好好的，卻去作削骨手術，晚景豈能不搖動，這一搖動非但損失家當，賠上晚運，還會嚴重影響到小孩的工作、婚姻，以及未來的前途。

嘆，無知是貧窮的開始！地閣下巴主晚年的大運，學生友人也真的太不小心了，怎會無知到去削地閣骨呢！

命運騙不了人，它就寫在臉上，就寫在她漂移不定的眼神上，這是老沈與門生對這則故事，最後共同下的結語！

第102篇
失落總在雲淡風輕後！

自古人才何其多，知遇得志者又有幾個？失落總在雲淡風輕後！

故事主角阿杰，是老沈二十多年未見的好友，前些日子專程來到南臺灣拜訪我這位老同事，哥們倆人相見甚歡，無所不談，從年輕的荒謬，聊到六旬翁的矜誇，人生的喜怒哀樂，盡在話席中。

阿杰說來是個人才，豪邁的個性裡，蘊藏著過人的才華，還帶著幾分英雄豪傑的剛毅。

按他優質的內在氣性才能，在職場是個好長官，也是個優秀的好部屬，但未必是個討喜的好同事，原因無他，他是非分明，公正不阿，法理的堅持更甚於同事間情誼，因此，他所待過的單位，那些貪贓妄法之徒，視他如眼中釘、如寇讎，可想而知，遭受到少數同事的排擠。

英雄自古多寂寞，寂寞在眾人皆醉，唯他獨醒！寂寞在公務生涯良知的旅途上，沒有人陪伴著他，為公義一起戰鬥！

所以，就在他五十二歲壯年盛齡，選擇了退休，過著自我放逐的生活。他嘆！亮節難為，難為在衙門政風不清，我嘆！懷才無用，無用在奴才總是比人才吃香……！

阿杰是人才，也是清官。人才與清官在面相上有何特徵？我想，這是大家著想知道的答案。

今晚老沈閒來無事，就來數一數阿杰，既是人才也是清官，其臉上有哪些的特殊符號？

阿杰人高馬大，寬廣高凸的額頭，有著一道「金雞啄印」的髮尖；眉毛不算秀麗，眉尾不聚；又，高聳的眉稜骨，壓著特是明亮銳利的眼睛；至於印堂，被豎起的幾根眉毛鎖住不開。

他，耳朵沒有垂珠，耳骨微反；高挺的鼻子，蘭廷兩翼硬是少了鼻肉，顴骨雖是突起，卻被兩道隱約的斜紋劃破。至於下停，唇珠明顯，法令紋深秀，地閣城開骨厚，膚色偏白。

高考及格的阿杰，十足是個允文允武的人才，可惜，不亨通的官運，就寫在阿杰的臉上。現在就由老沈來掀起阿杰官運的面紗！

首先說說他「金雞啄印」的美人尖。按照相書的記載，凡是有美人尖者，會剋應在中正部位之官祿宮，額頭寬凸的阿杰，聰明才智過人，但具有叛逆個性，所以他也是個愛唱反調的激進者。加上他有著銳利的眼神，這銳利的神光，這句「勇者無懼」非他莫屬，誰與爭

鋒，就得看誰的眼神銳過於他。

接著來分析阿杰的眉毛與眉稜骨。相書說：「眉骨高高，常受波濤。」見諸阿杰的公職生涯中，調動過不少的單位，且幾次的陞遷機會裡，在叫好不叫座中，總是與晉陞擦身而過。原因無它，這與他顴骨兩道斜劃的破顴紋，息息相關。另外，眉主功名，他之眉毛尾散，更應證相書所謂：「問功名在眉」這一條則為真。

阿杰雖是人才，但是眉尾散而不聚，加上眉壓眼，眼睛特是銳利神定，鼻翼不是特開，因此，雖然他擁有許多內在才學，可惜這樣的相理，為追求完美，追求真理，追求高風亮節，更甚於人際關係的阿諛拍迎，所以阿杰就在人不和政不通的情況下，從公務職場上敗陣下來！

他，是典型的是金行人，金行人特徵對應在顴骨。理論上，中年應可發貴，可惜，金行人的阿杰，卻是長了一對不折不扣的火行耳。當能振衣千仞岡，揮劍退萬軍，一展豪情壯志之年，卻是處在「金火交剋」的困局，倘若加上那破顴紋齊同看論，阿杰懷才不遇，官運多舛，其實，早已就寫在他帽子底下的那張臉上！

這篇故事暫且說到這兒，只希望老沈的好友阿杰，如果不小心瀏覽到本故事，可別唱「我問天」呢！

第103篇
美人尖具有抗上的性格！

自古英雄多寂寞，寂寞在恃才傲物，寂寞在滿懷壯志未酬；更寂寞在少有人讀懂他的心！所以阿杰選擇提早退休！

英雄理應氣長，但當英雄少了美人，少了醉臥美人懷的溫柔鄉

時，其氣再也不長了，於焉他英雄氣短了！

　　人生無處不賽局，賽局不僅是零和的遊戲，也可以是大家都是贏家的「那許均衡」。可惜，他們把婚姻的賽局玩爆了！

　　阿杰雖然很愛美女老婆，但兩年多前，美女老婆卻是選擇了離開英雄，所以，好友阿杰無奈的要唱「我問天」，還得加碼唱首「心事誰人知」！

　　阿杰！阿杰的心事誰人知？在徵得阿杰的同意下，老沈就以面相故事道出箇中緣由。

　　個性就是命運！承上篇故事，說到阿杰髮尖沖印，眉骨高起，眉尾微散亂不聚，又，眼睛特是強銳有神。按這些的相理，雖然職場失意，但基本上，還不足以構成夫妻離婚的重點因子。

　　然而，阿杰何以婚姻失利？這得要回到我哥倆那天的對話，藉由面相的角度去深入探索：

　　阿杰說：「老婆與父親長期失和。」老沈直言說：「你老婆額頭有著明顯的美人尖，對嗎？」他回答：「是有美人尖。」我說：「有美人尖的媳婦，具有抗上的性格，所以與公婆同住會產生磨擦。」阿杰嘆了口氣說：「公職在外期間，每回接到家裡來的電話，不是我爸就是我妻的抱怨，還逼得我要選邊站……。」

　　我問：「你家最小的孩子，額頭髮際線不平整或額頭受傷，是嗎？」他道：「兩個兒子都有髮尖，小兒子右邊額頭還曾經受傷，留下一道疤痕。」

　　這時我給安慰的說：「難怪！難怪你這位人才，官運會不亨通，也難怪，你夫妻會長期不和睦。」他說：「你是半仙，我想聽聽你進一步的解讀。」

　　我說：「小孩的額頭，主父母親的事業、婚情與健康，你家兩個孩子額頭同時都有破陷，直接影響的就是你的事業，還有你夫妻的婚姻。」他不語，我接著說：「小孩額頭美人尖與疤痕，還會影響他們求學過程不順遂，就如同你的美人尖，阻礙了你爸爸的事業發展，同

時，讓你的大學聯考失利一樣……。」阿杰這說：「兩個兒子聰明過人，就是沒唸到理想的學校。」

我再度問：「老婆的鼻子偏低又偏窄，嘴唇帶珠，下巴偏尖，眉毛偏黑濃，皮膚很白吧？」他回答：「她的長相是這樣沒錯。」我說：「那你老婆有歇斯底里現象，且曾有自戕的紀錄……。」阿杰道：「我已記不得她自殺了幾回。」

阿杰嘆氣的說：「與老婆不和睦的事，不曾向人說出來，那時我過得很不快樂，也有過自我了結的衝動。」我追著問：「是三十九歲那年的事對嗎？」他答：「就是那一年。」

故事寫到這兒，也許有人要問：「何以在三十九歲阿杰會想不開？又，何以三十九歲能無礙過關？」這兒老沈就不賣關子，直接掀開阿杰面相的面紗！

一、阿杰眼睛左大右小，所以三十九歲是個生命交關年。

二、阿杰平安度過39歲這個交關年，其實答案在他兩個兒子額頭高寬凸，如果子女額頭低窄，髮際線如鋸齒，阿杰就不會那麼幸運了。

三、另外，獨子的阿杰還得感謝他的父母，阿杰父母親下巴開闊，因為父母開闊的下巴地閣，晚年不可能是落得喪子孤獨之相。

嘆！英雄已經失去了本色；還好，他的下停相理極佳，兒子會有過人的表現，相信他二個兒子，會幫阿杰找回英雄的色彩！

故事就說到這裡！老沈為阿杰命運多舛，惋惜不已，何以人才會落得如此境地，老沈只能說：「人生無處不賽局，堅持到底未必是贏家，只有懂得退讓，才是真正的贏家！」職場如是，婚姻的經營更是如此！

第104篇
四斤鴨子三斤嘴！

當紅人物，高雄市長韓國瑜先生曾說：莫忘世上苦人多！

我同意這個說法，為什麼世界上苦難的人很多，因為物質的匱乏嗎？其實，物質匱乏未必是苦人，無知與精神匱乏，才是真正的苦人！

何以說，無知與精神匱乏是苦人，因為人活著不只是追求物慾的滿足，更深入層面的說，還得要精神的昇華，才能活出生命的色彩！

今天故事主角，是位六十來歲祖母級的女士，老沈再次領教什麼叫做「四斤鴨子三斤嘴」的深宮怨婦！

今早，老沈按表作息，來親戚泡茶，親戚是藥房老闆，見我到來馬上在廚房燒茶水，這時，店裡突然來了三斤嘴的老母鴨，劈頭就向親戚質問說：「某某人，我是修道人，我修的是正道，你怎麼向我先生說，我所修非正道……。」

接著，又嚷嚷的說：「我那沒用的先生，只會挖我的錢，幾番盜領了我七、八十萬的存款，錢盜領了還聯合我兒子、媳婦鬥我、罵我，還說我修道修到走火入魔、修邪魔外道，我要問你，我先生來都這麼跟你講，『聽說』你也附和他……。」云云！

她，聲調之高、語速之快，咄咄逼人之質問，親戚回說：「我開店來者是客，你先生來買藥，他提起妳夫妻的事，我只聽但不過問，因為這是妳們的家事……！」

這會兒，這隻老母鴨，從提袋裡拿出了幾本經書，要證明自己修的是正道，她，嘴巴就如連珠砲般的，響個不停，聒噪的音頻、音量，與毫無意義的言詞，直讓有心臟病的老沈，堪受不住！

為化解當前的窘境，這時我向親戚拍了下說：「水開了，你得快去廚房把爐火給關了。」親戚應聲，隨即進了廚房裡頭，這一進去約

有五分鐘之久，這隻老母鴨見親戚久未出來，便悻悻然的離去！

有趣！從這一幕，老沈再次驗證「深宮怨婦」的聲相，及其不佳的五官相理，果然是有依有據，有物有則。

她，眉尾散亂，眼睛非但黑白不分，更清楚的看見了她黑眼珠的藍環已經暈開，眼珠藍環主壓力，心中一股怨氣，就寫在她怒目的眼神上；高寬凸的額頭，氣色晦暗不明，且有著幾條縱直紋，壓著了印堂；還有，講話時，偏薄的嘴唇配上尖突的嘴珠，喋喋不休的舉動，直讓老沈嘆為觀止，這回總算見識到所謂「四斤鴨子三斤嘴」老母鴨真正的樣子！

古人說：婦德有三，從夫、從子、從靜；但眼前這隻老母鴨，從先生罵到兒子，從兒子罵到媳婦，再從家裡罵到親戚家，還罵到頗負盛名的車城福安宮廟裡的諸多執事人員。她潑婦罵街，毫無女子的文靜嫻雅，讓人嘆為觀止，悲哀了得！

罵與怒！是對別人的不是，也在懲罰著自己，這會因失去理智，傷害自己於無形，同時，也會傷害到家庭的和樂。

孟子說：「眸子不能掩其惡。」相書說：「聽其言觀其行，善惡可辨，福禍可知。」相書云：「嘴巴是造化之權，福禍之柄。」老沈親睹這隻老母鴨之言與行，她不是世上苦人，誰才是世上的苦人！

所謂：「福禍無門，皆由己召。」又是一個活生生的例子！

惑！試問普天下男人，如果你家查某〈老婆〉這副德性，你會快樂嗎？又，反問大男人們，你是怎麼經營家庭的，怎麼會讓老婆變成深宮怨婦，變成大嘴鴨？你沒有責任嗎？也許這是一則值得我們深思的課題！

所謂「個性就是命」，嘆！世上的苦人還真的不少！苦？苦在心理有病，苦在千錯萬錯，都是別人的錯！

最後，老沈只能說，要遠離苦命，惟有管得住嘴巴，才能抓得住幸福；否則，拜佛修行，自心不修，修妳個大頭呢！不是嗎！

第105篇
播田看田底,娶某看娘嬭!

　　不識貨請人看,不識人慘一半!選媳婦還真是門大學問呢!

　　記得,老沈在面相故事第43篇〈上帝還沒批准的婚姻〉故事中,提到那位準新娘,說話火急,口若懸河,又有點強勢,所以準新娘的婚事,仍然在上帝的卷宗裡,等待核批!

　　有趣的話題來了,就在前天,嘉義相譜班結業餐會上,蔡學員向老沈問:「老師,我看了您面相故事寫到『上帝還沒批准的婚姻』,現在我有個不情之請,您能否提點,我該如何選媳婦?好媳婦該具備那些相理?」

　　這問題一提出,旁邊同學幫腔的說:「鼻子要高寬厚實正,才有幫夫運。」隨之,又有位熱心同學說:「眼睛要神足、神定、神和惠,婚姻才會幸福長久。」因為,兩位都說到了擇媳的重點。老沈聽了,笑著合不攏嘴,直說:「看來你們都可以開館擺硯去了!」

　　這時,德高望重的黃會長說:「老師有教到『播田看田底,娶某看娘嬭!』我的看法是,選媳婦還得看女方父母的下巴,因為下巴是子女、媳婿的舞台。」旨哉斯言,黃會長不愧是老沈嘉義最資深的學員。

　　當下老沈問:「阿誠你有要補充嗎?答案快出來了喔!」這時,樂天派的阿誠說:「嘴巴不要像我這麼大,因為『闊嘴查某吃四方,嫁妝吃完吃田園!』」哇!話語落地,滿滿一桌人,笑得更大聲,直指阿誠在鬼扯!還給糾正的說:「監察院張博雅院長嘴巴大,晚運特好呢!」

　　面相好好玩!只為一個議題,大夥笑聲燦爛,討論得樂不可支!

　　看到學員們,你一言,我一語的討論著,老沈隨之補充著說:「各位談到選媳的要件,方向都對的,但我提幾個相理,請大家參

考。」

　　如何選媳婦？老沈做了如下的補充：

一、耳朵不宜反耳骨，又無耳珠，因為耳朵輪飛廓反者，個性自
　　主性很強，獨來獨往，夫妻不容易感性交流。

二、從外襲反推論法來說，媳婦父母的下巴，宜寬不宜窄，她的
　　手足眉毛，宜秀不宜斷、散、亂。

三、上相相聲，這才是選媳婦重中之重，擇媳要聽聲相，聲音音
　　質要清脆飄遠，音色宜雌不宜雄，忌諱雄音焦烈、粗濁沙
　　啞，更不可喋喋不休，或嗓門特大，表情特多。

四、問題來了，什麼鍋配什麼蓋，想要娶得完美的美嬌媳，還得
　　要問問婆婆，平時燒了哪些好香？可否有這個福分。

　　當說完這幾點補充後，老沈回頭問了蔡先生：「有你老婆的相片
嗎？」

　　這會兒，蔡先生從手機亮出了太太的相片，蔡太太鼻子聳立隆
起，下庭特是寬闊飽滿，我說：「恭喜蔡先生，你老婆是旺夫又旺
子，而且還能往下旺到孫子，看來不只是你老婆燒了好香，我猜蔡媽
媽燒的香更香！」接著問：「令慈的下巴跟你老婆一樣，骨開城闊，
地閣方圓，對嗎？」

　　蔡回應：「我媽的下停相理，長得還真的很棒！」黃會長這又補
了句：「蔡媽媽跟你老婆下停相理都那麼好，你未來的媳婦也一定很
優，老師我說的對嗎？」我回：「然也！」

　　這時，機智幽默的會長，站了起來說道：「來！大家就以茶代
酒，恭喜蔡總！謝謝老師！」嘉義相譜班，就在黃會長的吆喝下，劃
下了完美的句點！

第106篇
等「沈大師」宣布上帝的旨意！

妳的未來不是夢！

世上苦人多，苦在婚情，苦在過去的虛耗，苦在當下的抉擇，苦在未來的茫然！

今晚老沈以面相為軸線，扮起紅娘，為一對苦命準鴛鴦作嫁撮合，畫出出世之圓。

故事男主角阿強，是老沈國中學弟，事業雖有小成就，但中年婚姻挫敗，其後巧遇了現在的女友小純，小純也是個失婚者，兩人經七年的交往，感情穩定，已論及婚嫁。但難題來了，兩人因都歷經婚情不堪的陰霾，所以面對未來是否共同生活，仍是猶豫不決，拿不定主意。

故事說來真巧，今晚與同學王老闆有約，選在滿州海邊一家餐廳共進晚餐，湊巧碰到阿強與小純這對準鴛鴦，因阿強與王老闆是麻吉好友，所以大家一夥併了桌，一面用餐，一面閒聊。

就在閒聊中，不多話的小純說道：「我朋友是紫微斗數的行家，多年前幫我排了紫微斗數命盤，說我年輕辛勞，中年婚姻會挫敗，晚年會漸入佳境……。」小純的這番話，讓老沈如患半職業病似的，眼睛直盯著她看，快速的從小純臉上，找到了婚情失利的對應答案。

小純婚情失利，就寫在她的臉上：

一、她眉毛稀疏，紋了一對八字眉，眉尾如尖刀似的插向了奸門夫妻宮。

二、法令有著多條的紋路，其中一條紋路，隱約壓住了嘴角。

三、眼睛氣色偏暗，額頭有著明顯的細紋。

說實在的，小純曾在阿強的帶引下，與老沈有過兩次的咖啡敘，但她並不知道老沈諳知面相術，所以當她說出朋友給排的命盤還真準時，老沈隨口補了句：「妳的晚運真的不差，因為妳的話語不多，聲頻不高，聲質悅耳，吃胖一點會更好。」我話一出，小純用驚訝的神情望著我說：「大哥你懂面相？」

　　這回王老闆應答：「全榮是面相行家，難得他會開金口，今天妳真是福氣，有事快點抓住機會，問問沈大師！」一旁的阿強，也補了句說：「沈兄是面相高手，不隨便幫人看相！」

　　功課來了！小純開口就問：「請問，我可以嫁給阿強嗎？」這時，同桌的幾個人眼睛睜亮，巴望著他們眼中的「沈大師」宣布上帝的旨意一般。

　　故事說到這裡，容我賣個關子，先說說阿強的相理：

一、額頭寬廣，日月角鼓起崢嶸。

二、一雙明亮且定的眼神，搭配著一輪微濃的秀眉。

三、高寬厚實的鼻子，有著寬秀但不是特深的法令紋。

四、深寬長的人中，銜接四字口的水星，說起話來不疾不徐，中　　肯實在。

五、地閣寬闊且朝，從耳朵命門直到下巴，有著濃密的鬚根。

　　各位面相棧的棧友們，以你們對面相的認知，試問，如果你是代表上帝宣布旨意，你要如何給小純正確的回答？

　　以相論斷婚情，就在今晚，老沈站在真理這一方，對著小純說：「機會只向妳微笑一次，我給保證，妳的未來不是夢！」當小純露出羞澀的微笑，剎那間，掌聲響起！

　　機會只向準鴛鴦微笑一次！這兒老沈由衷祝福她倆，早日修成正果！

第107篇
講話皺眉頭會皺掉好運！

　　受盡天下百般氣，養就胸中一段春；又，地之穢者多生物，水之清者常無魚。以上這兩句話，是老沈送給今午的訪客，南台灣某名校教授黎博士的人生甘草藥引！。

　　黎教授是老沈多年舊識，為人謙和，治學嚴謹，記得多年前，他得知老沈曾在某科技大學教授面相，所以二顧茅廬，親邀老沈到他任職大學進修部開授面相課程，惟那時老沈心臟微恙，所以婉謝了黎教授美意。

　　君子之心事，天青日白，不可使人不知；君子之才華，玉蘊珠藏，不可使人易知。就在這些年，這段時間裡，黎教授耳中常有聞逆耳之言，心中常有拂心之事，藉臉書聯絡拜訪了老沈。

　　面相真有趣，老沈贈拙作「面相故事」予黎教授，竟引得黎教授來訪，要求給予指迷點撥。以他之名位尊貴，移樽來訪，老沈受寵若驚，不敢怠慢，煮茶相待。

　　其實他來訪前，老沈大略已知他心事之所在。因為，早在幾年前，老沈對黎教授的面相相理，滿懷興趣，就有深刻記憶與臆測在懷，所以當他賢伉儷一進門，老沈就認定是為子女的事操心擔憂而來；同時，他也是為職場的不順遂，求助不才老沈要給個解方。

　　何以見得，是為公私兩事心煩而來，這讓老沈先描述黎教授相理：

一、木行形的黎教授，眉目清秀他，鼻子骨起，但水星偏小，唇珠微露，說起話來，嗓音不大，但卻是如淺灘溪水，湍中帶急，每每把話說得明白，鏊個清楚。

二、秀長的法令紋，走到鵝跋比鄰部位，碰上了水波紋障礙物。

三、耿直的他，言談中眉頭不時擠弄著印堂，因而多條直紋壓著
　　印堂。

四、話到盡頭，偶爾會還會哀聲嘆氣。

老沈大膽，就試著黎教授臉上的相理，有一說一，不加油添醋，
做出了推斷。

公事上，黎教授本著書生報國美意，擔任校聘一級主管，勇於任
事，創新拓展，但屢見同僚阻擾，鎩羽而歸。又，熱心公益謙謙君子
的他，在社團組織裡，老是受到次文化人士，莫名傷害，直讓黎教授
如是熱臉貼上了冷屁股般的心寒。

相書指出，水星偏小，志大而不遂，主晚年挨打。對應驗證於黎
教授，56歲接任一級主管，與社團領導，任勞任怨，與人為善，他有
振衣千仞崗，濯足萬里流的氣慨，但卻是心有餘而力不足。

老沈打開天窗說亮話：「水星嘴巴偏小，所以晚境不順，屢受掣
肘，只能說黎教授為水星作弄人罷了！」

其次，黎教授下巴法令紋劃過水波紋，按相書的解讀，下巴主子
女宮，下巴部位宜寬闊，且無痣、斑、痕、痘、紋等違章建築為佳。
可惜，眼前的黎教授有著水波紋，說起話來波紋如浪，從這角度分
析，這是典型為子女擔心操煩的紋相。

因此我說：「黎兄下巴水波紋，加以說話語速偏快，嘴巴偏小，
所以與子女的對話溝通，迭次不歡而散，這是您莫名哀聲嘆氣的所
在，對嗎？」

賓果！老沈給的相理分析，一語中的，但這並非黎教授要的重
點，他說：「沈老師可以給解方嗎？」我回：「給解方太沉重了，
我不敢造次，只給個建議還請包涵！」教授他答：「行，一定知而後
行！」

這時老沈充當諮商師的角色，給了幾點建言：

一、要師法大江大河流水，講話宜緩慢而不湍急，說話語速，一
　　分鐘宜控制在一百一十字許，三句話要併一句說。

二、講話不宜皺眉頭，講話皺眉頭會皺掉好運，包括人際關係。

三、沒事別嘆氣，嘆氣會讓英雄氣短，愁上加愁。

當老沈給開完這三味帖後，臨走前，黎教授再預約了下回的「門診時間」，說道：「謝謝沈老師，下回有機緣能帶兒女再拜訪您嗎？」

老沈看相！有關係就沒關係！曾與大教授知遇相惜，我這沈郎中焉能不給掛診！

念！自古聖人也有卑下情操，大教授也有煩心俗事；總的來說，何嘗不都是個性在作梗！個性就是命，又添了一個實證個案！

第108篇
眼神露駭是貪贓枉法之徒！

西方學者愛默生說：「眼睛會說話，眼睛所說的話，是世界共通的語言。」

心理學家愛默生這句名言，恰巧與孟子所說：「善莫良於眸矣，眸子不能掩其惡，胸中正，眸子瞭焉，胸中不正，眸子眊焉。視其所以，觀其所由，察其所安，人焉廋哉！」其實兩者相互輝映，套用在動態面相學，當可奉為葵典。

這則故事主題，就來談談動態下的眼睛形與神。

前些天，老沈雲端生陳小姐來訊說：「老師，我這陣子到大陸湖北商務考察，所以沒來得及在父親節傳訊慶祝，抱歉！」我回答：「沒關係，妳的誠意心領了，謝謝妳！」

說著說著，陳小姐說：「老師，學沈氏相法真的管用，很感謝您不藏私的教學。」我說：「謝謝妳對老沈的謬誇，老沈只是把習相的

心得給大家分享罷了。妳說很管用，可以分享妳的實務案例嗎？」

陳小姐說，她因為考察大陸市場，來到湖北土家族某自治縣，拜訪縣長，同時與縣長及其縣府幹部共用午餐。席中，為驗證面相，也為了加熱餐會氣氛，所以開口幫了幾個幹部觀相。她說，因看論準確度很高，引來縣長的求相。

陳說，這位縣長年約50歲，縣長兼縣副書記，他問：「陳小姐，我還有陞遷的機會嗎？」

老沈與陳小姐對話中，陸續傳來幾張縣長的照片，我說：「這縣長相貌堂堂，中土隆起，四字口，下停飽滿，應該還有高昇的機會。」陳回答：「我也是這麼給說，但是席間看這縣長說話，不時的眼睛會睜露，眼珠呈三白眼，眼神銳利如怒目。」

陳小姐說：「我習業於老師您，雖不是很高段，但與眼下這位縣長面相晤談中，我瞭然於胸，我預測他會有不祥的災禍，但在那公眾場合下，我只能選擇緘默並藉機離開！老師您說這樣對嗎？」

高招！要當稱職的面相術家，對緊要的關鍵話題，當然不能在公眾場合作論斷，尤其在酒後的宴會上。陳小姐不愧是老沈雲端的高材生，所以我對陳生說：「妳選擇離開是明智之舉；我也想聽聽，妳如何分析他眼睛突然間睜露的對應事咎？」

陳說：「面相以眼神為重，眼神又以神定、神足、神亮、神和惠為要點。按老師教學所說，眼神霎那間不時睜露，是為凶相。為商是為奸商，為官可論貪官，平常人則是私心自用。」又補了句說：「縣長他的法令紋短，到了五十來歲這把年齡，紋路僅走在嘴角外上，所以對於他未來的官運走向，不敢給予正面樂觀的答覆。」

那下午，聽完陳小姐解說分析，老沈真是樂不可支，因為她抓到了眼神睜露的重點了。何以抓到觀眼相的重點關鍵，老沈就摘列幾項與大家分享：

一、面相雖以五官及氣色為主項，但大多屬於靜態的觀相。人之靜態相會騙人，因為真正的觀相，還需動態相作輔助。

二、人之動態相也會騙人，比如老沈常自嘲的說：「我的氣質僅有兩小時，過了兩小時就會沒氣質了。」據此以證，在大庭廣眾下，一般人的言行舉止，會掩飾其短，展現其長。

三、東漢末劉邵人物志指出，鑑識人之動態觀審法有三：由機情以觀審、由行止以觀審、由交接以觀審。旨意是在觀人的心，心才是行為之伊始。因為人的喜、怒、哀、惡、悅、妒，都歸之在己慾，也透露著本我的個性。

四、所謂：聽其言，觀其行，善惡可審，福禍可知。講話是動態的行為，當一個人說起話來，突然間眼睛睜露，兩眉交鬥，意味才小志大，是內心忐忑不安的反射，縱有小成就，然無法長久。

五、為官者言語間眼神露駭，眼見三白，對照於心理學的描繪，推論是貪贓枉法之徒，陳生立論成立。又，法令紋淺短不秀，年入55、56歲，基業不穩，縱有陞官機會，恐是五日京兆了得。

六、話語眼神突睜露，是男女糾情之眼相，同時也是明九與暗九災厄之前兆。

眼睛會說話；眸子不能掩其惡。陳小姐真是資優生，深諳相學，更懂得論相分寸，她不為這位縣長作論，選擇離席，當然是明智之舉。

今晚箚記這篇故事，老沈格外開心，因為，老沈門下又多了一位英才新秀！

第109篇
人若衰種瓠仔生菜瓜！

面相是門風險管理學，可以運用在個人，也可以套用在團體組織！但多數自信且優秀的人們，總是認為這是無稽之談，而忽略了它存在的價值！殊為可惜！

一首大家熟悉的閩南語歌曲「愛拼才會贏」，歌詞中提到：「三分天注定，七分靠打拼，愛拼才會贏！」愛拼才會贏！我老沈只相信一半而矣！

話說，人要追求成功，就得要努力打拼，但努力打拼的結果，未必每個人都能成功，因為我很相信，生命旅程中，在某時空間裡，硬是有股看不見的力量，在牽引著你我，真的是由不得人。這是我對「愛拼才會贏」持懷疑態度的理由。

閩南諺語說：「人若衰，種瓠仔生菜瓜！」沒錯！人若衰，種瓠仔生菜瓜。按老祖先留下的神祕古文化的智慧結晶，「衰」字是會寫在臉上的，非但「衰」會寫在臉上，而且還精準的告訴我們，它行「衰」的流年。

以下老沈就來說說「衰」相的故事。

故事主角阿誠，是老沈多年同學，畢業後三十多年未曾見面，就在幾年前的同學會上，喜相逢，相見歡，言談中，他道出了心中的傷痛。

阿誠皺了眉說：「自畢業後努力工作，我娶了南投水里的老婆，一路走來雖然辛苦，但日子也算平順。」我說：「那很好啊！」

率性直衝的阿誠激動的說：「好個屁！人若衰，種瓠仔生菜瓜。」接著說：「如果能生個菜瓜，還算走運，我連菜瓜都沒吃到，來個大地震，結果讓我還背負一身的債。」我好奇的問：「這是怎麼一回事？」

他點了根香煙，苦笑著說道：「九二一大地震的前兩年，岳父給了一塊建地，我夫妻就回水里蓋了房子，剛準備搬進新房子住，就來個大地震，結果新房屋被震得傾斜，變成了危樓……。」這時，他嘆了一口大氣說：「我一生的積蓄全部投入蓋房，還向銀行貸了款，衰！我真的很衰！」

衰！功課來了，老沈要以故事反追面相的相理。

當阿誠說完這不堪的往事，我直覺的反應，就是想藉由故事的內容情結，去聯結眼前這位同學，為什麼流年44、45歲會是個衰運。所以我默默地看視著阿誠與夫人的長相。

衰！答案就寫在他夫妻倆的鼻子上。眼前阿誠夫妻共同的相理特徵，都是鼻子偏小偏薄，非但鼻翼乏肉不厚，鼻骨又窄又塌，且阿誠的鼻樑年壽部位，骨節微突，是所謂的竹節鼻。

按相書所指：鼻為財帛宮，也是疾厄宮。舉凡鼻子小薄，鼻翼乏肉，鼻骨又窄又塌者，一生無恆產，也沒有特別的額外收入。

又，相書說：鼻子為配偶座。女生鼻大蔭丈夫，鼻小夫運晦；男生鼻大妻女得福，鼻小妻女勞碌。

就流年運言，鼻子主宰41歲至50歲之流年運，這對夫妻倆鼻子同屬劣相，且阿誠是竹節鼻，因此，阿誠於中年44、45歲損業失財。

以阿誠夫妻的鼻相，對照在故事情節上，還真是若合符節。命運不就早已寫在他們的臉上嗎？遺憾！有人照了一輩子的鏡子，卻永遠解讀不出自己生命的密碼！

屋漏偏逢連夜雨！就在前些天，有位同學說，阿誠因腳足受傷，無法站立，把飲食店給關了。老沈遺憾的直嘆，命運捉弄著阿誠，因為那年同學會上，老沈已洞見阿誠，法令紋斷續，下停懸壁凹陷，還有，他不時露出鹿駭的眼神，看來阿誠的晚年，還會有一場艱苦的硬仗要打！

風險管理？要從認識自己開始！誰能解開阿誠那命運的枷鎖？老沈掙扎中！天祐阿誠！

第110篇
我可不想再當烏鴉！

人生無處不賽局，不能排除風險與管理風險者，遲早將會被淘汰出局！

今日傍晚，恆春半島紅霞彩雲，罩住了東邊山與西邊海，有經驗的農漁民鄉親們都知道它是「風颱雲」，這與今日的氣象預測說：太平洋熱帶低氣壓，週三有可能形成今年第十二個颱風。

觀察天象，加上科學的氣象分析，都為預測，這不就是風險管理的一環嗎？如果天象可測，颱風路徑已逃不過科技的掌握。那麼，自己的生命曲線圖，當然可以依臉上符號，套以流年運，做出線性分析，不是嗎？

這是一則有趣，但不怎好玩的故事，故事是由習相多年門生，方總給的分享。

方總說：「老師，我想與您分享一則故事。」我說：「願聞其詳。」方總說：「多年前一次同學會上，看見一位同學，鼻樑中段傷痕橫斷，當時我基於善意，提醒他流年44歲冬至後，需要注意事業的經營，並暗示他，會有損財敗業的危機……。」

我好奇的問：「他說你是烏鴉嘴對嗎？」方總答道：「他就是這麼說的，還加了句『我聽你在唬爛！我才不信！』，那時我學藝未精，還處在面相相理的驗證階段，所以一時語塞，不知如何回應。」

我緊接著問：「與你同是45歲的同學現況呢？」方總霎時間微笑，瞬間又搖了頭說：「就在上個月同學的婚宴裡，他主動來向我說『同學，你真是烏鴉嘴，我的小公司年初真的被倒了債，我打算要重新創業，你看呢？』」

「同學你是天人異相，我可不想再當烏鴉！」這是方總給的回說。

哈！不愧是老沈的門生，「天人異相」、「不想再當烏鴉」，這口吻還真像極了老沈！

方總又說：「他說要再創業，我真為他擔心，以他年壽痕斷，中年必困，但因為他不懂得相理，所以沒有自我風險管理的概念！」我回應：「傲慢與偏見，皆因過度自信，所以貴人如你，已有為他微笑過一次，就隨緣吧！」

門生方總分享這故事後，當下老沈給派了一份作業說：「有機會你再去觀察探究，你同學血親相關人的相理。」這時，聰明優秀門生方總，立刻回應說道：「要看他兒子的額頭是否額傷或髮尖？要觀他手足眉毛是否有長痣或散、亂、斷？還有他老婆的印堂，老師對嗎？」賓果，旨哉斯言！

悅！面相「推論反推論法」代有新秀，再添薪火。今晚老沈一面箚記這則故事，一面暗爽，方總將會是下一個老沈！

第111篇
「金雞啄印」之額頭相！

「平坦不是最好的道路，起伏才有豐富的人生！」這雖是一則豐胸的廣告詞，但卻是對人生命運，做最貼切的詮釋。

故事的主角，是位三十一歲的帥哥，名叫小飛，與小飛相識是個偶然，小飛過去放浪不羈，他的慈母用盡法子，想改變他，卻不得其門而入，小飛母親憂子如焚，在好朋友熱心推介下，找上了不才老沈！

猶記那天上午，阿飛在母親與不良於行的父親陪同下，來到朋友家與老沈碰面，這刻起，沈老師轉換身分，扮起了生命線的「張老

師」。

阿飛媽媽開口說：「沈老師，我經常瀏覽你的臉書，知道你開導過不少人，聽韋總說，你小孩也教得很好，所以特別帶小犬來向老師請益……。」

聽阿飛媽媽見面開場白，聲音音質清晰飄遠，不疾不徐，語意得體，引起老沈對眼前這兩老一少面相的好奇，並端視一番。

我客套的說：「我不是心靈輔導師，我僅能對令公子的相理，做分析並給善意的建言，但重點是他願意接受我的解說。」這同時，我把頭轉向小飛問道：「小飛帥哥，你願意聽我這老頭子，分析你的面相相理與對應休咎嗎？我得尊重你的意見！」小飛點頭說行，老沈便按小飛的相理，逐項解說分析如下：

一、小飛額頭高寬，且有著日月角骨，可惜美玉瑕疵，髮際美人尖，直沖到印堂，這是「金雞啄印」之額頭相，這樣的額頭上停長相，它的對應事咎，不外有下列幾點：

　　1.你很聰明，但是聰明反被聰明誤，小學書讀得很好，但是來到國高中，愈讀愈糟，所以大學考試失利，甚至被死當，對嗎？

　　2.你喜歡對爸媽頂嘴，爸媽也不能傾聽或接受你的意見，所以你們存在著代溝，到目前為止，仍然未見改善，是嗎？

　　3.髮尖沖印堂，年輕奔波，心事沒人知道，卻是被長輩貼上頑劣叛逆的標籤，所以15歲起到現在，你想擺脫這莫名的罪名，但都無功而返，對嗎？

二、金雞啄印如你，傷到的不僅是小飛個人，還會剋損到父母的健康、事業與家庭的和諧。但你非原罪，只不過這是老天派給你及家人的共同功課。

三、小飛你的眉毛符合龍眉八要，但眼睛是明顯的雙眼皮，又眼神不足，眼氣黯沉，老沈大膽的推測，你只曬月亮，不曬太陽，換句話說，就是生活不正常，且不會向朋友拒絕說

「不」。

四、按你的中下兩停的相理佳，又，爸媽的下停城寬骨闊，所以，就容我這老傢伙說句，你準備走吉昌大運了，你相信嗎？

五、……

當老沈準備補充第五點，小飛突然間打斷話題，兩眼發亮，向老沈說：「沈老師說的神準，我現在全身起了雞皮疙瘩……。」接著媽媽說：「完全正確，小飛常熬夜打電玩，朋友一通電話就應約去，一張壽險證照都考了不知幾回，還沒考到……。」旁邊的爸爸補了句：「我接連發生兩起重大車禍，把身體給傷了，且提早離開職場……。」

哇！一家三口，應聲一一對號入座。

這時，老沈把問題拋向小飛問：「小飛，你願意改變自己，讓你們黃家明天會更好嗎？」沒想到，眼前這位年輕人爽快的回應：「要！我願意！」

老沈抓住機會，要求小飛站起來，舉手面對爸媽發誓，這時小飛一臉正經，對著兩老說道：「爸媽！我願意改變自己，謝謝您們過去的寬愛！」孺子可教也，看到這一幕，直讓我與韋總動容不已！

小飛這回真的被「張老師」電到了，事隔幾天，韋總來電代他父母向老沈道謝，還說：「小飛完全變了一個好樣，生活作息規律了，證照也考上了，且開始上班了；您不愧是『張老師』！」

俗云：「看人祇看後半段，浪子回頭金不換！」又：「一念之孝，神自知之。一事之孝，人自敬之。」父親節那天，老沈再次被小飛感動，因為，我從臉書看到阿飛蹲著腰，幫爸爸洗腳的照片！

大孝尊親，大孝養志，其次還可以養形！這句話原本是那天要給小飛的第五點說明，今晚老沈就充當這篇故事的結尾吧！

第112篇
什麼人自有什麼人愛！

　　老沈是凡人，只樂在面相研究。然而，那天雲端學生說：「在沈老師面前，被透視得只剩下皮膚！」斯言妙哉！

　　就在前天，多年好友蔡經理，要為她40來歲的表弟詢問婚事，親自持著女方的照片，請求老沈給予評相。

　　老沈說：「人家都已好事成雙，我豈能當呂洞賓呢？」我又說：「齒是地獄門，舌為天下劍，出門見山水，進門見鬼神。」

　　美麗又聰明的蔡經理，從老沈話語中，敏銳的嗅到老沈話中玄機，她說：「我只想知道這位準弟媳，眼神好還是不好？」我笑著回說：「只問眼神嗎？該另有它事要提問吧！否則妳這位大忙人，才不會專程來訪呢！」

　　蔡經理微笑的說：「是我姨媽派給的功課，我總要給個答覆啊！」「請老師直說無妨，我會去捐米。」說來有點為難，如果站在面相真理的一方，我給的評相肯定會傷及無辜，但是站在朋友的角度，老沈若隱藏相理的真，肯定是對不起當年她在我面相教學一路上拔刀相助，情義相挺，支持到底！

　　老沈不學無術，但對看相這事，還諳知分寸，從不暗中傷人。故，採折衷方案說：「我只提相理分析，妳也懂面相，就由妳自己做為傳話的取捨，因為我可是善意不相關的第三者，行嗎？」蔡爽快回應：「使得，使得！」

　　今晚，看相說故事！老沈就針對照片中年約40歲的美麗女子，點出六項有關婚情的特別符號進行解說，再由蔡經理去歸納回應休咎。

　　我說：「第一，她髮不平整。」蔡經理回：「自由戀愛，28歲前結婚，婚姻不美。」

我說：「第二，她眉毛稀疏、雙眼皮。」蔡經理回應：「多愁善感，31至38歲婚情不穩。」

　　我說：「第三，她鼻樑黑痣壓年壽。」蔡經理回說：「一生中情感重挫一次。」我補充說：「中年還會傷到先生的健康與事業。」

　　我說：「第四，她法令壓嘴角。」蔡經理回說：「哇！再婚非元配之法令紋相，如果搭配髮尖，眉疏眼神漂移，又加上鼻樑痣，她的婚情可精彩又多變。老師，是嗎？」我回答：「雖不中亦不遠矣！」

　　我說：「第五，她健康上有婦科與腰酸背痛暗疾。」蔡經理回應：「鼻樑痣對應流年45歲，子宮婦科會有病變。對嗎？」我回答：「賓果！」

　　我說：「最後，她鼻樑高寬挺，下巴寬厚，基本上有幫夫運，可惜這顆鼻樑痣。」蔡經理問：「她流年45歲我表弟要在意事業的風險管理，對嗎？」我回答：「機率很高！」

　　有趣！老沈僅是點出，婚情的特別符號，沒想到聰明的蔡經理，都能精準的說出對應休咎。我說：「美女，妳都知道面相的對應休咎，還大老遠來問相。」蔡回：「沒您點出這幾點符號，我真的還看不出來呢？」接著說：「謝謝沈老師！我知道怎麼給阿姨交差了！」

　　那天下午，蔡經理離開後，老沈心裡直唸著：「什麼鍋自有什麼蓋，什麼人自有什麼人愛！」

　　他倆還真是絕配，如果問為什麼，老沈只能說：「男帥哥鼻準長了顆小痣！」中年挫折已是冥冥之中的定數呢！面相好玩嗎？我樂此不疲呢！

第113篇
又是一件高牆倒下的案例！

　　珍惜從額頭流下辛苦的汗水，將會從眼角流出喜悅的淚水！可惜，老沈從她口中的成就，看見她未來的衰敗！無奈，又是一件因不認識自己，造成事業挫敗的案例。

　　這是一則八年多前的故事，老沈整整追蹤了八年多，終於再次驗證了「有物有則，物則相應」的層層因果關係。

　　記得八年多前，優秀門生鄭先生來訪，恰巧，好朋友徐小姐也帶著剛從大陸回台的章小姐，來家裡做客，閒聊一番。

　　話席中，章小姐興高氣昂的說著，她在大陸工廠的林林總總，言談中喜形於色，真是讓人稱羨的成功企業家。約莫幾個鐘頭後，章小姐說另有行程，與徐小姐先行離去。

　　兩人後腳剛離開，門生鄭先生開問：「老師，您認為章小姐會一直旺到晚年嗎？」我回：「問得好，你的問題是我要繼續探討的功課！」鄭說：「我看她的晚運堪慮，因為她的下停相理不好。」

　　小鄭不愧是老沈嫡傳資優生，他是看見了章小姐下停相理與問題。這時，我反問鄭：「你能分析她的相理與未來的命運走向嗎？」

　　那晚，老沈記憶猶新門生小鄭給的分析如下：

一、章小姐1958年生，換算起來是虛歲54歲，但是她的嘴巴櫻桃小嘴，所以如果來到56歲，事業應該會遇上瓶頸，直到64歲。

二、今晚幾乎都是她在講話，講話速度偏快且急，又尾音啞濁低沉。按老師教的聲相說法，這樣的聲相，雖能風光一時，但不能長久一世，所以，我認為她的晚運不好。

三、她法令外側懸壁上，長了一顆黑痣，這顆痣是工作壓力，也是流年57、58歲損財的表徵。所以，她的危機正在發生中，章小姐渾然不知，卻還說要擴大展業，我真為她擔憂呢！

四、章小姐地閣骨並不開闊，略顯尖削，但她提到小孩送去澳洲學管理，學成後準備接班，我的見解是，恐怕要南轅北轍了！

欽哉小鄭！小鄭不愧是眾門生中的佼佼者，一針見血，幾句話就能精準的點出章小姐相理與潛在危機。

嘆！救眾生，是宗教家的事；救貧困，是政府的事。那晚因與章小姐初次見面，給提點嗎？這不是老沈與小鄭的事。但是，繼續追蹤章小姐未來的整個演變，卻是我與鄭先生不曾放棄的大事！

就在前陣子，從徐小姐那兒傳來章小姐事業受挫的消息，她說：「約在四年前，大陸官方展開查稅與環保稽查，章小姐工廠應聲倒地，她連夜逃離廣東，狼狽的回到台灣，現在生活過得很拮据……！」

此刻，衷心地給予企業家們良知忠告，為了辛苦的汗水不白流，千萬別忽略寫在臉上的命運密碼！這又是一件高牆倒下的案例，真為章小姐的遭遇惋惜不已！

樹高萬丈不忘根，人若輝煌莫忘恩！今天是教師節，故事寫著寫著，電話響起，那頭傳來的聲音，是優秀門生小鄭溫馨的問候與祝福！

我的志趣在掀起面相神祕的面紗。教師節！承蒙諸多門生與好友們，捎來滿滿的祝福，今晚老沈矯情，忍禁不住，露出了喜悅的笑容！謝謝眾門生給的祝福！

第114篇
心臟疾病要觀察哪兒？

沒了健康，你會失去生命的色彩；沒了生命，即使自己覺得很偉大，墓碑也只不過多了幾個誌文而已！

今天中午，台南門生簡小姐傳來一張照片，要我對照片上的人，論斷健康需要在意哪些問題？

老沈按著照片人士，直接說出：「這位先生要注意心臟問題。」簡生問：「為什麼是心臟方面的問題？」我說：「以面相看論疾病，心臟病與腸胃疾病，最容易判讀。」簡生又問：「可以請老師解惑心臟病要觀察哪兒？」

簡小姐是老沈的學生，上過幾期面相課程，唯獨「台南面相望診健康班」缺席了，按道理，她對面相已有深厚的功夫，卻問起這麼簡單的問題，因此，當下老沈的猜想，也許怕老沈得癡呆症，隨意出個題目考考老師，或者說，她熱心提供一張特別符號的相片，要供老沈當相譜使用。

老沈不多揣測，就照著圖片中人士健康符號，做出三點相理分析：

一、印堂左邊一條明顯直紋，劃穿到眉頭。這紋路是為印堂直紋，意味心臟微血管硬化，當然疾症就是心臟問題。

二、山根狹窄且低陷。山根是心臟的外竅，山根高寬厚實者，先天心臟功能好，所以少有心血管疾病問題；反之，山根狹窄低陷，意表先天心臟功能偏弱，未來疾病以心肌梗塞見常；如果，山根出現橫紋，症狀尤是明顯。

三、從照片中，無法看見這位人士，耳垂是否有皺褶紋，或耳垂浮現青筋，如果已出現耳垂斜紋在前，又有耳垂青筋符現，這肯定是心血管隨時會病變的先兆。

我就以這三個論點回應予簡生，簡生說：「老師您說對了，這位先生是高雄捷運公司副總經理賀新，圖片是我從網路截圖的，據新聞報導說，賀副總於9月28日在墾丁晨跑，因心肌梗塞猝然往生。」

　　還好，我是事後諸葛，不是傳出噩訊的那隻烏鴉。但老沈得提出說明，健康是面相研究的三大主軸之一，中醫與面相的望診健康，是老祖先智慧的結晶，其實是具有高度的科學性，但卻是被優秀的子孫給忽略，甚至詆毀貶低得一文不值。

　　也許各位會好奇的問：何以耳垂出現青筋是心血管病變的前兆？答案說穿不值錢。

　　當血管硬化或粥乳化，血液流不到耳垂，耳垂末梢血管萎縮，耳垂便會有條明顯的斜紋。

　　其次，當耳垂出現青筋，代表血管已高度阻塞，心臟為加速供應血液，血液無法正常回流，淤塞於耳垂；因此，從正面看耳朵垂珠青筋浮腫，耳垂呈顯不平整的波浪形狀。

　　通常心臟已做過支架者，就是這般的耳狀，倘若未曾裝過支架者，他會是中風或心肌梗塞的高危險族群。

　　因此，從這裡我們可以引證，高捷賀副總心肌梗塞猝死，他的耳朵應該有如此的符號。英才早逝，惋惜！

　　以上是老沈電話中給簡生的結尾答覆，同時藉由本故事，掀開心血管病變的面紗！

　　老師您答對了？老天慈悲，老沈揭開心血管病變的面紗，希望大家看到也能學到，就是千萬別對號入座！拜託！

第115篇
女人，千萬別搶著當牝雞！

女人的美，不在外表，而在具有包容心和好脾氣的個性！

鄭進一寫的「家後」，不管是男是女，都會嚎啕痛哭而無法唱完。因為，歌詞中的老婆「怪東怪西也不會……穿好穿醜不計較……寧可讓他先死……自己才來承受失去愛人的錐心之痛……」。

老沈在上一冊《面相故事》第43篇，裡頭寫到「上帝還沒批准的婚姻」，只因準新娘的強勢，讓這段婚姻，一擱就是兩年多，「孤枕難眠」的兩位情侶，至今仍未修成正果！

就在上週日，好友王董氣呼呼的向我說：「我那位準媳婦，前幾天半夜撥電話給兒子，兒子睡著了，沒接到她的電話，竟然來家門前，鬧一兩個鐘頭，先按半個鐘頭電鈴，還嚷叫半個鐘頭，臨去前，還用機車撞我家大門，還撞了我的車子……！」

我問：「你怎麼知道的？」他說：「是隔壁鄰居告訴我的，我真的對她有點不悅。」

好友王董再次從手機，秀出這位未來媳婦的照片說：「沈兄，請您再幫我看一看，這女孩子的面相好嗎？」我回應：「上回都看過了，她額頭高寬、鼻樑骨隆起，鼻肉又厚實，但是暴牙火形口依舊，這種火爆個性，也不是一天兩天就可以改變的。」

他說：「她知道我家有錢，就巴著兒子不放，一天到晚電話查勤，還要行蹤報告，我為兒子抱屈，哪有未進門的媳婦，那麼強勢的！」

我問：「那你打算怎麼處理？」他說：「就隨由年輕人自行處理，婚宴我就不打算辦了！」老沈好意提點好友：「這女生眼睛，有一大一小，未來會有三個走向，王兄不妨參酌一番：

1. 按火形人的個性，是寧為玉碎，不為瓦全，所以需在意她會自
　戕；
2. 眼睛一大一小，流年37與38歲婚姻需要妥善經營，婚變機率極
　大；
3. 如果前兩項都安然過關，她56歲至64歲走火形口的水星運，家
　道宜防中落……。」

　　好友善良，聽老沈這麼一說，長嘆了一口氣說：「我最怕的是第
一點，其它的就隨命隨緣了，反正到那時候，我兩眼一閉，就不管
三七二十一，還是二十幾了！」他長吁且緩緩的說；「我現在才體會
到，你常說的那句話『睡對人很重要』，兒子沒我的霸氣，我只好認
了！」

　　此刻，老沈聽聞出好友內心中那股無奈！除了安慰，還是安慰！
因為，命運中那股無形的繩索，除非有著過人的智慧，否則任憑誰遇
上，也難輕易解開它的糾纏！

　　「家後」這首歌，打中了每個男人心中的「死穴」，也挖出了女
人對至愛「無私奉獻」的真情告白。對於男人來說，一生可以擁有這
樣的「家後」，真是死而無憾！然而，渾世的當代，能無憾者，又能
幾稀！

　　遺憾！準新娘看重的是王家龐大家產，但她內外氣性的表現，卻
讓眾多好友們，不予苟同，另位好友的老婆說：「這準新娘，真的是
最笨的詐騙集團！」旨哉斯言！

　　女人，妳的名字叫溫柔！切記，寧可當「家後」，千萬別搶著當
「家前」的那隻牝雞！

　　女人的幸福，不就是從這句話去實踐，並檢驗它的存在標準嗎?!
吾家有女初長成，冀望旅學在外的女兒，也能引以為鑑！

第116篇
老師說法與我命盤完全吻合！

　　人求我三月春，我求人六月霜！還好，老沈不求人，所以沒碰上六月霜！

　　這則故事是十五年前的事，記得是初春時節，好友老吳來電：「全榮，早上有事嗎？如果沒事可否請你過來一趟，我有要事請教，我泡好茶等你來！」

　　老沈人生觀就是借的概念，如借給父母當兒子，借給子女叫爹爸，借給老婆稱丈夫還當夜間部同學，借給朋友做為不二心的朋友。所以，老吳一通電話，義無反顧，就借給老吳老闆當無薪顧問，兼陪茶應召男去也。

　　猶記那天，進了吳員外府上，他熱情地泡上貴賓茶，直說：「全榮老弟，我自51歲認識你，聽你論述面相，很肯定你的功力！」我回：「喔！謝謝吳兄這些年來，帶來了不少隻白老鼠，讓我做了臨床實驗，且都驗證了面相的真理！」

　　吳老闆敬了三杯茶後說：「我遇上決策的紅綠燈，要請教於你。」我說：「吳兄直說無妨。」他語調微沉的說：「一友人邀約合夥要在台南科工區開設鍛造電晶銅腳線，資金是一千五百多萬元。」我問：「你自己的看法呢？」他回答：「我認為利潤很高，台灣生產，直銷大陸，應該可行。」我說：「那你還顧慮什麼？」

　　吳老闆喝了杯茶後，語氣緩慢的說：「記得你告訴過我，流年51歲後諸事不宜，就等著養老！從過去我帶了幾位好友請你看相，我真的佩服你，其中如台南建築大亨謝○炎的事，一語中的，所以為慎重其事，再請你幫我詳觀一番！」

　　記得那天，我回以：「站在面相真理一方，小弟認為不宜投資，投資必損！」他再問：「為什麼？」

為什麼！因為成敗就寫在吳老闆的下停上。

當時，沈半仙給的相理分析解說如下幾點：

一、吳之三停，以中停最佳，眼呈三角，十分銳利，視如鷹虎之眼神，又鼻如懸膽，顴骨微張，耳貼色白，因此，中年發貴發旺，與相書說，中府勻稱，中年利祿，倒是吻合不虛。

二、吳之困，困在下停。相書云：水星不旺，晚年不興。吳之兩嘴角，未超越兩眼瞳孔垂直線，是嘴巴為偏小，意味晚年順境不再，因此，老沈給說，嘴巴偏小，晚運諸事不宜，宜守不宜進。倘若貿然投資，必是損財剋業。

三、吳之地閣不開闊，其地閣骨雖然朝上，但是整塊地閣骨偏窄。這般骨相，晚年生活是可以衣食無缺，但就事業經營而言，則是不折不扣的屢戰屢敗之地閣劣相，倘應邀合夥投資，肯定是老王過年，一年不如一年。

四、吳之法令紋並非如鐘型外開，其紋路雖深，但卻是往嘴角內縮至承漿下方。按相書說法，法令內縮者，晚年事業必困無疑。

三月春！老沈忠於朋友之託，作了如上之相理解說，隨之，吳老闆深深地嘆了一口氣，說道：「看來是我該退休頤養天年了！因為，沈老師的說法，與我八字的命盤完全吻合！」那年，吳兄適逢55歲。

事隔多年，吳老闆向我提起：「朋友鍛造設廠初期，生意興隆，但時隔兩年，因為鍛造銅腳線，沒有特別技術，很快被大陸模仿複製，朋友工廠因此收了……！」吳還補了句：「真感謝你！」

魔鬼藏在細節裡！還好，那三月春的貴賓茶敘中，老沈充當半仙，成功的把吳員外臉上的魔鬼，給驅逐了！

面相用在風險管理，這是一則經典的故事！面相好好玩！

第117篇
自古唯有飲者留其名！

少年得志大不幸！人到年老，自然會明白，孤獨、寂寞、痛苦與失敗，這都是人生不缺少的調味品；這調味品，絕對是獨家且不可複製的！

今天故事主角王先生，他年少得志，一生大起大落，三上三下，就在花甲之年的一週前，開朗的他說出了：「個性就是命，好命是天造，惡運是自找，怨不得人，我就是個例子。」欽哉斯言！

自古英雄多寂寞，唯有飲者留其名！那天晚上，王老闆說出改善命運的藥方，他說：「如果能早個幾年戒酒，我就不會淪落他鄉，還要拼老命。」

故事精彩，還是精彩！他說：「四十年前，我二十歲那年，已是台北一家知名餐聽的老闆，往來無賢丁，盡是名商巨賈。每月底都得要去新光大樓、台塑大樓及其它公司收帳，帳房都說，怎麼是你這個小弟來收帳款呢？以後請你老闆自個來請款。」

我說：「你眉目清秀，所以年少早發！」他說：「我那時一年淨賺一千多萬，真的是早發型的。」老沈說：「按你額頭司空傷痕，流年22歲會碰上事業困挫。」他說：「1982年遇上經濟風暴，22歲那年因芭樂票連鎖效應，我好幾百萬的應收帳款被跳票，就結束餐廳營業。」

見他中正天庭骨微起，老沈問他：「那流年25歲東山再起對嗎？」他回答：「我25歲轉戰台中，那時台灣經濟大起飛，錢是賺了不少。」因王老闆山根低陷不起，老沈便直問：「那為何41歲又跌了一跤？」

他嘆了一口氣回說：「沈老師高明，是的，我41歲又跌了一大跤，沒辦法，我交友廣闊，嗜酒如命，賺到錢不知珍惜，每晚都會與

三朋好友喝個幾杯，六分醉後就去粉味續攤，不把錢當錢用，一晚總要花上十來萬，有時還花上三十來萬……。」這時老沈笑著說：「王老闆鼻大耳朵又特肥厚，一天沒粉味的全身就不對勁，對嗎？」有趣，只見他苦笑不語！

王的年壽寬大骨起，鼻準又如懸膽，但是，人中偏短，上嘴唇露出兩顆門牙，因此，老沈這個相學老頑童，緊追不捨的再問：「王總45歲另起爐灶，且生意興隆，但來到51歲時，再次摔了一大跤對嗎？」

這回，他面帶靦腆的笑容回說：「在沈老師面前我還真的沒有隱私權。那幾年本性不改，有了錢又作賤自己，幾乎又夜夜春宵，直到51歲再次事業遇上瓶頸，輾轉才來到南台灣做生意，就在多年前的某晚，觀世音菩薩顯靈託夢，要我戒去惡習，我才戒掉酒色財氣，回歸平靜的日子！」

接著他既說又問：「這幾個朋友說，沈老師是相術高手，今晚我已領教了，那請您看我的晚運呢？」看在王老闆已一心向佛，修得一臉慈眉善目，下巴特是寬闊飽滿，地閣骨朝天停，但因稍見火行口，因此，老沈對他的問題，給了一個提點說：「61歲後可以撥雲見日。」

觀相！難就難在要建立對方信心，又不能碰觸到生死關隘事咎。王老闆眼睛左大右小，大小眼枝節小事不說，按相書所載，眼睛一大一小者，宜防明九與暗九意外災罹。

王老闆外五行屬土，土行人的他，流年入63歲適壬寅年，壬寅年對王老闆來說，則是個不折不扣的交關年。但願，觀世音菩薩保祐王總平安無事！

謝謝王老闆爽快的同意老沈寫出你故事！那晚不能說的秘密，今晚就藉由故事以洩題作結！交關年？希望臆測失準，一切就隨緣隨命了！

第118篇
態度這麼差，做什麼生意？

　　疾風怒雨，禽鳥戚戚；霽日光和，草木欣欣。可見商家不可一日無和氣，我心不可一日無喜神！

　　台北面相生王總，昨晚臉書貼文說：「公司門口的海鮮火鍋店剛開時，大家都很熱心幫忙介紹客人，我不知道幫她介紹多少客人，年輕老闆娘也是很會做人，常常寒暄問暖，生意越來越好後，對我們這些鄰居熟客，態度也開始丕變，看人好似仇人。上週公司辦聚餐，我訂了十四位，點餐過程中，老闆娘態度非常不友善，整臉不耐煩，還要限制位子要怎麼坐。送餐中，不斷要求食材往裡面放，聲音很大，眼神很兇，要不是請員工吃飯，我一定當下走人。」

　　她在貼文結尾說：「如今我只能祝福她了，今天不管妳事業有多好，若變成傲慢無理時，客人只會漸行漸遠！」

　　面相好好玩！面相研究就是要會學習，以故事追求並摸索相理，同時，也得學會以相理去推斷已發生、正發生、將來會發生的故事。

　　因此，看完這則臉書貼文，直覺反應，立刻請王總提供火鍋店老闆娘照片，好讓老沈琢磨琢磨這位「聲音很大，眼神很兇」老闆娘的相理。

　　不多時，王總傳來這位老闆娘，手抓大螃蟹的正面照片，因大螃蟹遮住了她的下停，但上中停五官部位，清晰可見，現在就容老沈描繪，並做相理分析如下：

　　一、年齡約是三十多歲，頭髮染成金黃色，頭髮一般是黑色，如果染金黃色，其性不柔，因為金性主革，革者獨來自往，易淪於剛愎自用。

　　二、她三十來歲，流年運在眉眼，她之眉毛淡薄稀疏，相書云：「眉淡情義淡」，所以說她「船過水無痕」，不知惜念舊

面相故事
第二集　　44

情，這一點倒也不意外。

三、她的眼珠，黑睛珠被藍垣環繞，且黑白不分。就相論相，這
　　是原生家庭不和睦的外徵，應該是來自單親家庭。如果，再
　　配合她額頭明顯的細紋，就能大膽的推論，這位老闆娘出身
　　背景不好，沒能接受到很到位的家庭教育，所以長大成人做
　　起小生意來，聲大眼兒，修養與眼相極為符合。

四、老闆娘右眼瞼尾，有顆不算小的黑痣，按照痣相來分析，這
　　顆痣不是善痣，未來要面對的事咎：一是被人倒債的風險；
　　二是婚姻情感不穩定；三是右手腕恐將會受傷；四者則會因
　　「偷秤頭斷了路頭（偷斤減兩）」。老沈認為，如上的命
　　題，至少有說四中三的把握。

五、她面相最大的優勢，在於鼻子高寬厚正，這鼻相可是不折不
　　扣的旺夫相。但是，如果她的嗓門不放低，眼神不柔和，加
　　上眉毛稀疏，眼瞼黑痣，看來這家火鍋店業主，事業恐怕會
　　大起大落，晚年可能看不見夕陽紅，終會白忙一場罷了！

六、老沈好奇，不知這位老闆娘是否有小孩，老沈擔心的是，她
　　婦科疾病已經襲身，倘若不及早保健，早晚都得要挨刀呢！

　　以上是老沈就王總臉書內容，與提供照片，對老闆娘所做的面相
解析，並大膽提出已發生、正在發生與可能發生的事咎推測。

　　其中，相理解說一至五項，內容淺顯易懂，至於第六項的論述，
為什麼老闆娘婦疾遲早會挨刀，婦疾看哪裡？又何以要挨刀？我想就
留給大家一個探索面相的空間吧！

　　「態度這麼差，做什麼生意？」那天老李生氣了，王總也生氣
了！哈哈哈！老沈可以置啄嗎？我說：「如果社會上每個人都像妳們
夫妻，這麼聰明又善良，試問？還有誰要幫你們煮好吃的火鍋啊！」

　　悟！吉凶咎悔，各有循環，凶來自於咎，自傲、自大、自我是為
咎，咎久了就要墮入凶！諒大福大，王總息怒，老闆娘加油！

第119篇
祈禱並不能改變上帝！

　　祈禱並不能改變上帝，而是要改變自己；問相老沈不是給妳加持，而是給妳方向！

　　今晚來說一則，看相失敗的案例，是我敗給了她，她卻敗給了自己！

　　故事是發生在七年前，在一個風和日麗的週日上午，老朋友江董來電說：「早上有事嗎？如果沒事，就來家裡泡泡茶！」

　　老沈知道，只要朋友或朋友關係人有重要的決策，如選婿擇媳，投資創業等，都把老沈當做御用「狗頭軍師」，一通電話說要問相，老沈驅車應召？哈哈哈！朋友好茶一泡，就算很棒的打賞！

　　這回江董來電，是要我幫他加拿大返台的妹妹看相，因為他妹妹準備在上海，投資重金開設雙語學校，他們要問：「可以開得成嗎？」

　　「可以開得成嗎？」真是很笨的問法，因為開與不開，宜與不宜，還有要注意哪方面的問題，這才是問相的重點。

　　江妹妹的五官相理，其實不差，但問題出在她說話的音質、音色與音速。就面相實務經驗來說，老沈觀察女生的相，最終都以說話嘴巴形狀，與聲相好與不好作歸結依據。

　　江妹妹說起話時，聲音低沉，語速湍急，表情多樣，嘴形變化大，眼睛還不時的睜露。她是年54歲，按我的見解，女生聲相不佳，說起話來，眼睛睜露，經驗告訴老沈，這般相理別說要創業，晚年能守住既有的家業，已經是件不容易的事情。

　　我說：「江妹妹，開學校需要很龐大的資金，最好再考慮考慮。我認為妳流年56歲不宜投資。」她回答：「我才54歲啊！且資金、場地、人事一條龍都到位了，箭在弦上了！」我說：「既然箭已上弦，

那我還能說啥呢？」她聽不進我的分析與勸阻，還說：「上帝會賜給我力量！」就這樣，江妹妹一頭熱的栽進了上海，當起了大校長呢！

老沈是烏鴉嗎？就在這個月初，江董又來電邀泡茶，一進門剛喝上一口香醇好茶，江董說：「老沈，我妹妹上海開校的事，被你說中了！」我問：「怎麼啦？她不是自信滿滿嗎？」江董叼了一根菸，語氣沉重的說：「我妹上海雙語學校收了。那回，我告訴妹妹：沈老師的話妳別懷疑！她直說，她只相信上帝，不相信命理……！」

世界上未開發的土地，不在非洲，而是我們帽子底下的那張面孔！誰能認識自己，誰就能掌握風險，掌握命運！江妹妹就是個活生生的案例，不是嗎？

嘆！心中裝滿著自己的想法與看法的人，永遠聽不進真理的聲音！無奈喔！

第120篇
我的心被她的大愛融化了！

肝腸煦若春風，雖囊乏一文，還憐煢獨；氣骨清如秋水，縱家徒四壁，終傲王公！

雖說世上苦人多，然而為善不為人知的香草，卻是孤寂地自吐芬芳，芳香四溢，她就是販賣夢想的莊朱玉女老阿嬤！

前幾天，承藍月醫師厚愛，傳來高雄莊朱阿嬤的故事檔案，老沈看了她賣夢行善的紀錄片，我的心被她的大愛融化了！

老沈動筆寫下她的故事，是因被阿嬤的精神感動，她瘦了自己，卻是飽了一堆貧困的碼頭工人；她賣了七間房子，只為貧窮的勞工朋友們施飯！

「呷飯10元」一賣就賣了55個年頭，她為讓工人能吃飽飯，每個月賠上10萬元，暇餘還拖著老命做資源回收，填補食材費用，直到她85歲倒下往生，阿嬤偉大的善舉，典範長存，值得大家學習與敬佩！

今晚，老沈就來談談這位偉大阿嬤的相理：

一、聲相：莊朱阿嬤說話語氣平緩，不疾不徐，語音柔和，音色輕潤飄遠。按這般佳好聲相，可以做出三種推斷：

（一）五臟運作中和，意味身體硬朗健康。

（二）心懷善念，修養到家。

（三）慈母光暉，家庭和氣。

二、眉毛相理：莊朱阿嬤兩眉清秀，眉頭特開，印堂平整無瑕，基本上這般眉相的她，心中有愛無恨，情緒極為穩定，與人為善。

三、眼睛相理：眼睛會說話，阿嬤的眼神和惠且定，兩眸清明，淡而無欲，散發著慈輝光芒。這般的眼相，需要積數十年正能量的培植功夫，才能讓氣性藏於內而外顯於眼。善人必有善目，慈眉善目可是沒辦法裝飾的。

四、鼻子相理：阿嬤鼻骨貫中天，相書云：鼻骨貫中天者主貴。故阿嬤的鼻相佳好：

（一）身體五臟功能運作特好，可以無災無病，平安度過一生。

（二）女生鼻子是先生事業宮位，她鼻骨貫中天，典型昌家旺夫之鼻相，對照阿嬤自己所說，因先生事業有成，所以她發願要幫助苦難的碼頭工人。

（三）鼻子是物質與精神層面的指標。鼻子高寬厚的她，追求精神層面勝過物質層面，所以她能夠堅持理想，無悔無怨地「呷飯10元」，既使已負債來到55萬，依然不改其樂。

五、地閣飽滿：下巴主晚運、主子女孝順，更主胸懷包容。莊朱

玉女阿嬤的下停，長相特好，所以她的子女出息孝順，又因
　　為她包容力特佳，所以善心德行過人。

　　善人善必有善相！老沈就上列五點，分析並說明之！

　　念！人間有芳草，阿嬤就是芳草；世上也有毒花，如退休女校
長，裝神弄鬼，誆稱通靈詐財上億，不就像株毒花？

　　嘆息啊！不知足如女校長，是個貪得者，身富卻心貧；知足如莊
朱阿嬤，身貧而心富；試問，到底誰活出了生命的色彩？誰又實踐了
人生至高的價值觀？就由大家自辨之吧！

　　我的心被阿嬤的大愛融化了！今晚老沈就以這篇故事，向您老人
家弔祭，並向您的靈魂行三鞠躬禮！

第121篇
哥哥要我回台灣找您！

　　人生在世，有如一葉扁舟在大風大浪中航行，其中有人的感情考
驗，雖不是驚濤，卻也是駭浪！

　　今天故事女主角，是美麗的小丹小姐，她是留學海歸的白領主
管，前幾天藉臉書傳來陌生訊息，訊息開頭就說：「我在香港的哥哥
關注您很久，我哥很敬仰您！我一直響應您的話去捐米。」隨即傳來
她捐米的明細與親送孤兒院的照片。我回應：「老沈無德無才，承蒙
大小姐看得起，真是感謝！」

　　訊息單據上，小丹是從今年二月捐米，每個月固定捐七十二斗，
迄今未歇；人間有愛，社會有溫馨，小丹的善心義舉，直令老沈打從
心底，敬佩不已！當下老沈直覺地說道：「有需要協助的地方嗎？」

　　她開門見山的說：「我感情路坎坷，我香港哥哥要我回台灣找

您！想請您看命盤。該怎麼把紅包給您，我可先付費用。」我說：「我從來不收紅包，妳的捐米善舉，就足足讓我為妳服務。但我只會面相，不會紫微斗數。請上傳三張正側面素顏、露額、露耳的照片。」

感情路坎坷？這時，老沈心裡暗想著，面相問題應該出在「神祕十字帶」之橫帶區上。果不出其然，當小丹照片上傳，確定是眉毛前濃後淡，眼睛圓大，珠睛黑白不很分明，又有過敏體質，因此眼氣不清朗，淚堂泛起暗青的色澤。

就這樣的眉眼相理，老沈給了小丹小姐大膽的推論說：「妳是丈夫訓練班的班主任！」她問：「這怎麼說？」我說：「女生眼氣不強，眼袋偏暗，主情傷，妳都是幫別人訓練丈夫。每任交往到論及婚嫁的男友，最終新娘都不是妳。所以，婚情一而再的空轉。」

她在電話那頭傳來的哭泣聲說：「真的是這樣，我現在的困擾是，一位交往六年的杏林朋友，因暗地有小三最近被老婆提告，這事才發現，我不是小三，而是小四……，當初交往，也不知道他使君有婦，讓我一頭栽進這情感的世界。」

隨之，上傳這位杏林名醫的照片，問：「老師，他靠譜嗎？」我問：「他幾歲？」她回：「虛歲50歲。」我說：「他上中停相理極優，額高寬、眉清秀、眼單鳳、鼻顴相輔，中年很有成就，可惜美玉瑕疵，他的下停內縮，地閣骨短且無朝中土。」

這時，小丹用著低沉沙啞的聲調急著問：「這樣的相好嗎？」我說：「中年很好，但晚年不好，今年底開始走下坡，64歲冬至後見困敗，晚景淒涼！」她說：「我真的很愛他，不管他的過去如何，包括多次施壓第三者墮胎，我都不在意，因為他跟我很有話說……，那我該怎麼辦？」

「那我該怎麼辦？」看來愛情沖昏了阿丹的頭，她的問題，老沈僅能以不相關的第三者，提供一些看法：

一、他50歲，妳44歲，他過往德行不堪，51歲起事業運已開始走

下坡，且入64歲年底，必然大挫敗，晚年會十分孤獨，請問阿丹小姐，妳願意奉陪到底嗎？

二、妳雖然當了幾任丈夫訓練班的班主任，但妳鼻特是高寬厚實正，整體面相就是貴婦長相，待流年進入45歲起人生會漸入佳境。

三、此刻當下，妳需要作改變的是：

1. 作息要調整，非但不能熬夜，飲食更忌諱蔬果冷飲，把健康調好，眼睛的氣才會亮，眼袋暗氣才會消失，談戀愛就是贏家。

2. 講話速度放緩，語調不能落差起伏，個性別急，把音質調整好了，婚情的路就會平順。

3. 請轉達令兄，承蒙他看得起老沈，你們的善行義舉，很讓我感動！

情路坎坷！那我該怎麼辦？最後容老沈送上一句：「大寒而後索裘，不亦晚乎？」祝您撥雲見日！

第122篇
膽結石在臉上會有特徵！

面相是門認識自己的學問，健康就寫在臉上！但不懂面相，又如何去認識自己，維護健康，探索未來？

人生三要，要快樂，要知足，要健康！健康是快樂與知足之本，失去健康，快樂與知足肯定要大打折扣！

今天的故事，就來談談不健康的符號。

主角是好友的太太，她同意老沈以洪太太稱其名，寫出這篇有關

膽結石的故事。

　　就在幾天前，與洪太太在臉書互相問安好，同時傳來她開刀後瘦下九公斤的照片問：「沈老師，我因膽結石開刀後，瘦了九公斤，依你看，會不會影響到我的事業與後運。」

　　洪太太，眉毛秀麗，眼睛扁細，鼻隆顴起，還有寬厚飽滿的下庭。因此，我以視訊說：「妳瘦了下來，但眼神依舊是炯炯有神，且地閣骨朝上，雖然瘦了些，但下庭還是飽滿，因此，就事業來說，不致於有滑落的現象，請別擔心。」她說道：「我二個月前，莫名其妙的胸前劇痛，輾轉看醫，才確定是膽囊結石，開完刀後不敢大飲大食，才突然劇瘦下來，我是有點擔心。」

　　哈哈哈！老沈臭屁的回道：「妳購買的相書與面相望診健康檔案，裡頭都有提到膽結石的問題，妳卻沒認真細看，所以才讓膽結石折磨妳於無形。」

　　洪太太驚訝的問：「膽結石在臉上會有特徵嗎？我真的不知道。」我告訴她：「醫相同源，肝膽結石的特徵，就寫在鼻樑年壽兩旁。」

　　她問：「這特徵指的是什麼？」我回道：「鼻樑兩側是肝膽穴位，當肝膽病變時，會在鼻樑兩側出現小斑小痣，同時，鼻樑兩側會長出細斜紋，年壽部位還會有明顯青氣色，這就是當下肝膽已經結石的符號表徵。」

　　這時，洪太太哇了一聲，說：「難怪最近眼下出現很多斑點，卻沒想到要問沈老師。」我說：「可以確定的是妳鼻樑兩側，應該有細紋，自己照照鏡子再回覆我。」她回答：「我與先生在開車途中，回家後照鏡子再回覆老師。」

　　約半小時許，洪太太來訊：「哇！真是神準！我鼻樑兩側確實各有四條細紋，鼻樑是泛青，真要感謝您！」

　　學面相可以作為健康風險管理的一項途徑，洪太太膽疾發病，幸運的求醫就診。感謝？她要感謝的不是老沈，而是醫生呢！

洪夫婦倆齊聲說：「神準！」老生怕怕，我最是忌諱自稱，或被稱「神！」因為，把玩面相的是人，絕非是神！

最後，祝洪太太平安健康。同時，藉本故事結尾，感謝洪姓夫婦長期捐米濟貧的義行！

第123篇
乖舛的命運就寫在臉上！

飆風發發，卻是不能終朝；細水涓涓，才能綿綿長流；豈不見，剛強的最易摧折，柔弱的反而成了「生之徒」。

女人不是弱者，但懂得退讓妳才是贏家！

老沈發表的面相文章中，多次無不是在談，陰陽並用，剛柔並濟，尤其在男女婚姻經營上，女人柔弱如水，生命中的尊嚴，才是不可糟塌的靈魂！

故事女主角姜小姐，是位才女，在五年前從英國返台期間，經好友汪先生的牽線，特地拜訪老沈，只為來求相。

老沈當天邀請汪姓友人與她，一面喝著咖啡，一面為其解惑。

姜小姐見面說：「感謝沈先生百忙中，能幫我看相，點撥迷津。」我回：「看相隨機緣，誰叫我們有共同的朋友，汪先生！」

賓主客氣一番後，她開口便問：「沈先生，您可以看看我的婚姻及未來嗎？」

問得直白又爽快！又是一個金火行的女強人！

姜小姐年約58歲，個子不高，身材纖小，膚色細白；高寬的額頭有著數不清的細紋；淡疏的眉毛華蓋底下，眼珠特是明亮有神；細窄的鼻樑，骨多於肉，顴骨微張不隱；耳反廓，乏珠垂，法令斷續不

秀；櫻桃薄唇說起話來，咬文嚼字，表情特是豐富。

命運？乖舛的命運就寫在姜小姐臉上！

老沈對著姜小姐說：「妳追求完美的個性，是婚姻的殺手！」她驚訝的問：「沈先生怎麼知道的，我先生也曾這麼說。」我說：「我雖是業餘面相研究者，但像姜小姐的問題，還不是少見，因為，額頭高寬無瀏海，鼻樑偏高窄的女生，多半都有追求完美的個性。」

當時，她直盯著老沈不語，我接著說道：「當妳先生的行為不符合你的期待，妳那寧為玉碎的精神與尊嚴，就是自毀家庭幸福的根源！」她聽後哇了一聲說：「我已陷在婚情的泥淖，正考慮要簽下離婚協議書中，所以特別來請沈先生指點迷津……。」

指點迷津！我說：「個性就是命，只有自覺性的認知與改變，才能守得住幸福。」她急著問：「那我的晚年運好嗎？」我答：「這是重點，嘴巴偏小如姜小姐，如果離異，晚年經濟恐是妳需面對的難題。」她哀嘆了一聲，淚水如斷線的珠環，滾滾落地，在旁的汪姓友人送上紙巾以表安慰。

故事情節就點到這裡。看相？老沈有一說一，有幾分符號，解析幾分休咎。我之所以說她晚年經濟會遇上難題，原因有四：

一、鼻子太小，終會被財所困。

二、金火形人忌瘦，忌反耳骨、忌法令雜亂，忌火急，這都不是聚財之相。

三、櫻桃小口女生，流年入56歲，若不靠先生（男人）豈能養活自己？

四、女生講話表情特多，精明而不聰明，能幹但沒智慧，果真晚年退敗，只能說咎由自取。

月亮初一、十五不一樣，月亮如果天天中秋節，太陽恐將沒有露輝的一天！我真為她先生抱屈！

按姜小姐的相理，她真的很強勢，又喋喋不休，我要是她老公，我只能「吃得肥肥，裝著槌錘」，要不然小命早早會不保！

女人，妳的名字絕非弱者，但要懂得退讓，懂得以柔剋剛，妳才是贏家。不然，幸福就會離妳越來越遠！

第124篇
好運已不站在您這方了！

耐過霜的柿子才會甜，經過磨練的人才會成熟！惟有持盈保泰，才是真正的人生！

老沈以這句話，肯定一位我尊敬的鄉兄，因這位鄉兄過去，真是吃盡人間苦頭，歷盡千辛萬苦，方保住了他家族被法拍的巨額遺產。

然而他年少奔波，中年奮發，晚年理應安享頤年，卻一頭栽入股票市場。

就在前些日子，這位鄉兄夫婦，衣錦還鄉，特地拜訪我這位老鄰居，老沈不揣簡陋，當面贈送了兩本相書。

他見我的相學著作，立即提問：「全榮，你看我可以買賣股票嗎？」我回答：「您這突來問題，小弟我還真不知該怎麼回答？」他說：「我知道你懂得面相，所以抓住機會要請教你！」

這位鄉兄年68歲，是某大學一級主管退休，領有優渥的月退俸，他說退休沒事就想玩玩股票。

哀哉！我直說：「學長您玩股票，可是賺小賠大喔！別玩了，流年好運已不站在您這一方了！」旁邊的嫂子接腔：「全榮，你哥他就是不聽我勸，他真的輸了不少錢……。」

鄉兄自信的說：「我有信心扳回來！」老沈聽後直搖頭。

賭！普天下沒有真正的贏家，只有徹底認識自己的人，才不至淪為輸家！當你不想贏人家的錢，你就不會輸去老本！

何以老沈說：「流年好運已不站在您這一方了！」依相論相，原因有四：

一、首先看氣色。氣色是生心理因素交會運作，反射在臉上的色澤。眼前這位鄉兄，氣色偏青，臉上缺乏光澤，這是財運敗退之兆。所以，我給的分析是，投資股票已遇上瓶頸。

二、眼睛是為太陽與太陰星，眼睛亮不亮，可與財運有絕對的關係。這位兄長可能是肝病健康因素，眼珠子呈顯青色，珠睛似乎沒過去幾年那麼明亮視銳。

三、以紋路解讀流年，這位鄉兄年68歲，流年運正處在地閣兩側，這部位稱為金縷。適巧，他法令下端兩邊，雜紋叢生，劃破斷續不秀的金縷紋。

四、最後，其又粗又直長的懸針紋，紋尾直沖鼻樑，且嘴角懸壁瘦凹不鼓。這般相理，我給的推論是玩股票全憑自己的直覺感，而非以技術分析下注買賣。所以，輸多贏少。

當老沈為這位兄長看相作論時，在旁的嫂子再次開口：「哇！希望全榮這席話，能點醒你哥這個夢中人！」

夢中人！其實，這位鄉兄最我令人擔心的，不是股票的輸贏，而是他的健康呢！

按這位兄長的耳相，耳朵周邊已有多顆耳棘明顯可見，再看看木行人的他，眼珠鼻樑已泛青，這回老沈臆斷且在意的是，他病疾在肝，病症不淺！如問，健康與財富孰重？我會選擇繼續呼吸，維持良好健康的身體，這才是真正的贏家！

看相？有時，當下會有不能說出「真話」的尷尬！老沈只能藉故事的發表，稍微透露些訊息真相。

寫完這篇故事，老沈立刻請老婆藉由手機雲端，轉傳送到兄嫂的手機上，真誠祝福兄長永遠平安健康！

第125篇
面相何不就是心相的一種！

　　面相除了是靜態五官長相的解讀，有時候更需觀察外在行為。因為，外在行為，會透露出其人的內心世界，以及其人的氣性才能。

　　黑道！刺青是他們信仰的圖騰，穿著及其舉止，是有其一定的線性模式，脫離圖騰與這些線性模式，也許你就無從解讀他們的心理世界。所謂「相不單論」，因此，面相何不就是心相的一種！

　　今晚的故事，是一則以外在行為探索內在心性行為的故事。內在心性行為，說穿了就是心相的一環。

　　這是10年前的故事，在某一盛夏的晚餐裡，與好友姜董用餐中，不期遇上他熟識的友人阿吉，他們雙方互動熱絡，姜董回桌後說：「沈老師，拜託你好好幫我看看，這位阿吉先生的面相，等會兒我可要聽聽你對他面相的分析，因為，我考慮與他合夥一件重大工程案子。」

　　懷璧者何其衰！吃頓飯，還得要負責他人合夥投資的成敗責任！

　　如我所料，幾天後的一個假日，姜董來電邀老沈泡茶，其實他是要聽聽，老沈對阿吉相理的解讀，問阿吉是否可以是事業合夥的伙伴。

　　姜董是想以面相做風險管理，求問於我，我當然也樂見其成，算是幫老朋友的忙。所以，老沈一開口便說：「你把阿吉當朋友就好，就別談合夥了！」姜問：「為什麼？」我說：「他是道上兄弟，且年齡來到54歲，嘴巴小又偏薄，個子瘦小且黧黑，是乙木水多的相局，若談事業合作，我只能說他沒局啦！」

　　姜董驚訝地問：「他真的是道上兄弟，我沒說你是怎樣看出來的？」我回答說道：「一個人的外在行為，會透露出己身的行業。他叼菸，虎口朝上，用著食指與姆指夾菸。又，走路腳根不著地，說起

話來，眼神飄浮不定，表情冷熱無常，這種相理，並非善類，我僅能給你這些分析。」

姜問：「可以合夥嗎？」我直回道：「不宜！不宜！」

結果姜董不聽信我言，兩人還是合作了某項工程開發案子，事隔三年，在某次的茶敘裡，姜董說：「老沈，我被阿吉耍了，與他合夥他的資金全沒到位，還坑了工程材料款，現在我很後悔，當初沒聽進你的勸！」我揶揄了姜董說：「不聽話的老頑童，就罰你禁足面壁三天！」他苦笑以對。

被好友邀來看相，老沈總是居於善意的第三者，站在不相關的一方，為有緣人解惑指迷，不收潤金，純粹是友情的贊助！

嘆！老沈多年來，為好友作嫁看相何止一回，還真是多得數不清，結果呢？這回並非老沈錯觀，看來是他的老運多舛，脫離不了命運桎梏枷鎖，這合夥案才三年，就讓他損失上好幾千萬元。嘆！真仙難救無命客，真為他傷心難過！

難過！只因命運就寫在姜董的臉上，寫在他內縮的下巴上。他65歲事業遇上隘口，高牆已經倒下過，面對未來的70歲、71歲，誰又能保證，他能安然度過那不堪的老運！

老天慈悲！他65歲高牆已經倒下過一次，真不希望他71歲的厄運，再次應驗！

第126篇
女生眼神飄漫恐非一夫而終！

哈！什麼鍋要配什麼蓋，老沈可不外行！

不識貨請人看，不識媳婦材？那就請老沈看！

任務又來了！當老沈連續貼了兩篇鴛鴦譜的故事後，昨天就接獲好友的來訊說：「沈老師，這是我兒子準備交往的對象，向您請益能進一步交往嗎？」我不是媒人公，這回好友將兒子的婚姻大事，寄託在老沈這三寸不爛之舌上，看來老沈責任重大！

　　選媳婦，既然是好友的請求，老沈又推辭不了，就義務幫忙吧！隨之，端詳了相片中的女生後，老沈為好友做了相理分析如下：

一、女生有幾分嫵媚，但眉毛特別黑濃，這是「妻管嚴」的眉相。

二、眼神飄漫，眼珠含水，眼瞼拋浮，這般的眼相恐非一夫而終。

三、法令紋斷續且壓住嘴角，難為正配夫人，會是二度婚姻。

四、鼻子正點，高、寬、厚、實、正，是中年旺夫的鼻相，誰要碰上她，誰的事業就會旺。

五、地閣相理無懈可擊，城闊開寬，地閣骨朝上，可預見的是，晚景昌榮。

　　電話中，老沈說：「金無千足，人無完人，我只是善意提供相理分析，這回可不當喬太守！」好友說：「我明白了！」

　　「我明白了！」好友真明白了老沈給的暗示，片刻，他再傳來另一位女生的三張相片。我說：「老兄，你口袋人選還真多。」他回：「兒子帥，倒追的還不少，哈哈！」我說：「喔！幸福，我先去泡湯，晚上再回覆。」他回說：「再麻煩老師了。」

　　晚飯後，回撥了電話給好友，好友不克接電話，接電話的是他兒子阿得：「老師好，我爸在忙，我請媽媽跟你說。」我正準備誇阿得長的很帥，女朋友多多，害羞的阿得就把電話交給了他媽媽。

　　阿得的媽媽開口說道：「沈老師，我先生在忙，他要問的第二個女生可以嗎？」我說：「這女生相貌美，相理也不差，是可以撐得起家運的好女孩！」她喜孜孜的說：「我先生與我也這麼認為。」我說：「你們家福德滿庭，這小姐倘真進你家門，真是福氣。」她回

說：「沈老師抬舉我們了！」我說：「請阿得加油，靜候佳音了！」

嘆！歹命查某難進福德門！對第一位女生，老沈只能說抱歉，因為按她的相，她能旺夫，但得要背著婚情的十字架過日子！

罪過！這回老沈當了呂洞賓，用撢子硬把第一位女生掃出福德門外！

第127篇
話量特多就是敗相之外徵！

面相，上相相聲，次相相骨，面相為下！千萬別懷疑，聲相會決定你晚年的吉昌凶誨！

上相相聲，是學習面相不能忽略的重點，但又有幾人知曉聲相隱藏的密碼，左右晚年運勢何其大？

今天來說一則聲相的故事，故事主角是位經營紡織產業的王老闆，他是二十多年前經朋友介紹認識的，當年他48歲，事業正旺，獨霸一方！

按王老闆的面相，濃眉大眼，珠睛特亮，鼻子高隆豐實，兩顴骨凸起，但黑痣壓右顴，法令紋深秀可惜內縮，不算窄的地閣骨，一道明顯的疤痕，至於，水星嘴巴，唇厚且寬。

以這般相理，堪稱瑕不掩瑜，不給評個八十分，至少也有七十分，應該是中高位階之相貌。可惜，他話匣子一開，就如溪河流水，滔滔不絕於耳，大有把問題作大，分綱列要，直把細節淋漓盡致地說到枝梢葉尾。

記得那年他登門求相，問道：「沈先生，我在事業上的經營，需要注意什麼？」我說：「王兄去年及今年已被朋友倒過債，這筆錢財

還真不少！」

　　說完，他們夫妻及陪訪的朋友，一臉驚訝，瞠目結舌地問：「怎麼看的，是看那裡？」我說：「王兄右顴骨長痣，這顆痣稱為顴骨痣，主損財敗業，流年就在47歲，波及流年則是46歲至50歲期間。」

　　王姓夫妻聽完老沈的解說後，王便巨細靡遺的，說出被倒債的過往，當他話匣子一開，真如水庫洩洪，滔滔不絕，一洩千里。

　　王說上好一陣子後，又問：「我跌這一跤後，未來的走向呢？還有遠景嗎？」老沈我心裡直想，就以他下巴這道疤痕，年入61歲肯定又是一次的大損財，但更讓老沈擔心的是，眼前這個大男人，說起話來，如劉姥姥的裹腳布，又臭又長，讓聆聽人心生煩躁，久久不得安寧。

　　面相有道是，觀其外知其內，知其內能識其性，識其性則吉凶福禍可測。這是以人之外在行為，進一步推測，歸納到吉凶福禍的邏輯分析法。

　　水星主56歲至64歲流年大運。遺憾的，他能言善道，但是話量特多特長的行為，就是敗相之外徵，因此，如果王老闆講話的話量，不做大大的改變，當流年走入水星運，可以預測的，未來他年入56歲後，必會再陷入困局。

　　據上因由，所以老沈給王老闆回應：「王先生承漿疤痕，是會影響晚年61歲事業經營。」接著，我以含蓄的口吻提點他：「自古以來雄辯者，都是稱職的幕僚；放眼成功的企業家，多數皆能奉守『沉默是金』的準則！」

　　見他一臉狐疑，略帶覥腆，陪同的王太太打了圓場說：「沈先生是要你話別太多的意思，對嗎？」我點頭微笑，這回王老闆礙於面子，欲言又止。

　　開獎了！事隔十三年，就在王老闆61歲那年的某一個晚上，他低調的走訪老沈，一身落魄，語氣緩慢的道出了他不堪的下場，老沈能給的，除了安慰還是安慰！

聲相，聲相重音質音色，還要在意話語量，話多不如話少，話少不如話好，女生、男生一體適用！誰能拿捏得準，晚年誰才是真的贏家！

第128篇
我下場竟是這麼不堪！

所謂命運，一半功名靠自己，一半福禍天註定！

承續前篇王老闆未了的故事。話說，上相相聲，其人聲相是能作為解讀命運的歸結，因為我們靠丹田發出聲音，所以聲音可以聽出其人五臟運作之健康；除了唱歌，我們從喉舌開口發出的音速、音量、音頻、語調與開口的時間點，還有說話的內容等等，都可以從談吐中分析歸納出他人的個性與智慧。

我們在從健康、個性與智慧的角度，作出質化與量化分析，就能推斷出其人的氣性才能，及其吉凶福禍。這也何以是「上相相聲」的道理所在。

因此，在上一篇王老闆故事裡，老沈光憑王老闆說話，總是強調又強調，說明又說明，補充再補充，那極盡「龜毛」，話多又長的個性，臆測論斷王老闆晚運見困，就困在水星嘴巴所主宰的56歲至64歲裡。

所以說，善相者在幫人論相過程中，「聽其言，觀其行」是必要的過程之一。

再回頭來說，王老闆整體的五官與體態不差，就是右顴骨黑痣、地閣當陽疤痕，還有喋喋不休的個性外，何以流年47歲在事業摔了一跤，61歲又因部屬背叛，以至他說：「沈先生，我中晚年的事業好像

在搭雲霄飛車，從雲端滑落到山谷，我真的想不透，是否有一股看不見的力量，牽動著我？能給點撥嗎？」這是那年夜裡，他低調走訪老沈的主要原因。

「是否有一股看不見的力量，牽動著我？」這是重點，王老闆問得好，當下老沈說：「所謂命運，一半功名靠自己，一半福禍天註定！」他道：「這話怎麼說呢？」我答：「面相有外襲的因素存在，父母親、妻子及子女相關部位相理，都是外襲的重要因素。」

王說：「可以說說，這些相關人相理，對我外襲的影響嗎？」我反問：「這說出來好嗎？」

王說：「我真的不服輸，我努力了四十年，下場竟是這麼不堪。」我緘默中，他自言自語的說出：「會是我老婆的鼻偏小給的影響嗎？」我回：「這是其一要素。」王說：「老婆體材乾瘦，下巴削窄會是另一個要素嗎？」我回：「男重天停，女重地閣，女生地閣呈倒三角形，家運晚年是要衰弱了些！」

這時，換我問：「你家子女有人額頭受過傷嗎？」王想了下說：「小女額頭中央小時候是受過傷，這會有影響嗎？」我語氣低沉的回：「子女額頭相理，是父母職場重要的指標點，這個傷痕對你的事業當然有影響。」

我話說完，只見王感慨地嘆息一聲說：「我的命運也太離奇了，原來我一生起起浮浮，一半因素是受制於家人外襲的結果，唉！看來我是該認命了！」

風來疏竹，風過而竹不留聲；雁渡寒潭，雁過而潭不留影。招指一算，王老闆也該七十多了，自那晚道別後，再也沒王老闆的聲與影了！誠心誠意地祝福他，暮年安泰！

第129篇
命運寫在另一半的鼻子上！

　　命運不僅寫在你臉上，還寫在另一半的鼻子上！命理你可以不信，但不會因為不信，你就享有豁免權！

　　今晚來說一則27年前的往事，當時老沈醉心面相研究，正是焚膏繼晷，興致高昂，絕不輕易錯失任何可以驗證的題材與機會，猶記得那年的某日，上司的夫人帶著一對子女來單位探班，當日一起進餐時，我眼睛敏銳地觀察著他們一家人。

　　老沈清楚地觀察到，上司夫人鼻樑年壽上有顆灰黑的痣，又，他年約6歲的兒子，髮際線不平整。

　　那時，老沈站在追求面相真理的一方，藉由一次閒聊中，私下向這位上司透露：「長官，尊夫人健康上，要注意婦科症疾，與腰酸背痛……。」話還沒落地，這位一向笑瞇瞇的上司，突然扳起面孔直斥：「老沈，你吃沒三把蕹菜，就想當半仙……。」接著說：「同事都說你懂面相，我才不相信命理呢！」

　　回憶當時，老沈一時語塞，尷尬得強擠笑容說：「無惡意，無惡心，請長官見諒。」

　　其實，老沈是居於善意，主動提醒上司需要防範，有關他公務生涯發展上，可能發生，且將會發生的事咎，但在那當下，只因上司一臉不悅，所以我打住了話題，不再多嘴。

　　也許大家想急著要知道，上司夫人鼻樑那顆灰黑的痣，除了已知的有婦科健康暗疾外，對老公的事業到底會起什麼負向的作用呢？

　　按相書文獻所載：女生的鼻子，是先生事業路途的指標。夫人的那顆痣，意味在她之流年來到44、45歲，先生事業會遇上阻礙；如果，再配以他兒子髮際線不平整，這樣的推論可就八九不離十了。

　　是烏鴉啼哀嗎？就在老沈離開單位約5年後，從老同事那兒傳來不

好的消息，我這位上司因公務處理失當，被檢察官定罪並求處徒刑，案子歷經多年的纏訟，最後被判處緩刑二年定讞，上司才得以復職，並安然退休。

面相還真的有奧祕，算一算，這位上司仕途遇阻，正好是他夫人44歲至50歲區間。

面相藏乾坤，命運不僅寫在你的臉上，還寫在另一半的鼻子上！這個命題，再度驗證為真。

當寫起這篇故事，我就想起27年前那幕，唐突窘態，差點無地自容，時至今日，記憶猶新！

面相？！各位只知道老沈的名字，卻不知道老沈的故事；各位只知道老沈為面相做了什麼，卻不知道老沈學習面相經歷過什麼！感慨！

既嘆又悟！「兩眼不觀眾生相，幾頁相書隨夢去！」今晚就以這句話做為結語吧！

第130篇
泰戈爾說，認識自己最困難！

有人問泰戈爾三個問題，其中一問是，什麼最困難？泰戈爾回答說：認識自己最困難！

沒錯，認識自己最困難！現在就來談一則不認識自己的故事。

十多年前，老沈與門生也是至交好友，經常約在三溫暖澡堂，坦誠相見，同時面授面相學竅門，幾年下來，他已獲得老沈相學的真傳，堪稱老沈嫡傳第一把交椅的門生。

何以他是老沈第一把交椅的門生，因為在澡堂裡我總會考考他，某甲、乙、丙、丁……，面相相理的優缺點分析，並請他點出流年對應休咎。

猶記那天澡堂來了位年約50歲，開服飾店的王先生，王先生與旁人聊天中說道：「我近年業績穩定，將整修店面擴大營業，並開分店……。」云云。

當時，聽完王先生這席話後，師生兩人面面相覷，我問：「你認為王的夢想可以實現嗎？」門生回：「敗象已寫在他的臉上。」對！敗象已清楚地寫在王先生的臉上。

老沈追問著門生：「你是看哪裡？可以細部分別說明嗎？」

那天，門生精準的說出王先生的相理與休咎，現在老沈歸納臚列於下：

一、王先生兩眼明亮，兩眉黑濃，是八字眉，早年可發貴，但年入44歲後大運停滯。

二、鼻子雖高，鼻肉不豐隆厚實，基本上是財帛不旺之鼻相，所以這輩子能持盈保泰，就很幸運了。

三、就三停來說，上停沒有特別的奇骨；中停眉毛侵印，但顴骨不突起，又鼻子骨多於肉；下停水星嘴巴偏小，地閣尖削，臉呈倒三角形。就流年運來說，51歲起事業開始走下坡，年入56歲更是大大向下滑落。

四、王先生個子高瘦，耳朵反廓，就五行相來說是為木行人，但因他皮膚黝黑，所以是屬水多漂木之格局。

五、水多漂木格局者，說得多，做得少，個性懶散又自我，獨來獨往，聽不進別人的建言。

六、皮膚黑，氣色又黯晦不朗，他說要擴店營業，這決策時間點就不對。所以，王先生的敗象已寫在臉上，可惜他渾然不知，危機當前。

七、從他的相理可以推論，他太太鼻子應有瑕疵，且有婦科暗疾，又，女兒額頭應該有髮尖。

聽完門生對王先生的觀論分析，老沈內心大悅，門生除了以五官加氣色作論，還且運用了五行相法，與推論反推論作臆斷，切中要害，不愧是老沈的高徒！

最後，我突來反問：「你怎麼知道有髮尖的是女兒，而不是兒子？」門生笑著說：「答案就在他的眉毛上啊！」

悅！聽門生這麼一說，老沈開心得合不攏嘴！我不是名師，卻出了這麼優質的高徒，焉能不高興！

第131篇
別讓世界改變了妳的笑容！

金以剛折，水以柔全。用妳的笑容改變世界，別讓世界改變了妳的笑容！

知病知症，對症下藥！過年前，一位女老師請求看相，最後老沈以開場白的這句話，送她當作良知的方劑。

故事主角，是新竹某高中資優特教班林老師，她是朋友的卑親屬，當時正遭遇教師生涯上最大的瓶頸，求助於她的阿姨，阿姨轉求助於先生，她先生是老沈第一順位好友，所以就在過年前，林老師透過朋友來電，說要南下恆春專程求相。

看相！老沈沒開館擺硯，純是業餘研究，但因好友來電為她求相，我焉能說「不」字！於是，接下朋友給的任務。但，鑒於新竹來趟恆春路途遙遠，老沈向朋友提議，請林老師用臉書視訊即可，不用專程拜訪。

過了一會兒，林老師來了視訊，客氣的問候後，說出她遭遇的情況：「我接連生了兩胎，共請了四年產假，這學期回校上課，學生都是竹科新貴，家長屢以不適任為由，刁難挑剔，還向校方要求撤換特教班老師。」又說：「我自認教學認真，家長卻是對我有很大的敵意，我真的很難過，不知該如何是好？」

從視訊中，老沈為39歲的林老師，做出相理分析與說明：

一、法令紋既深又長，意味個性固執，不擅溝通，不易妥協，且少有笑容，恐是家長們對妳最在意，最不能接受的關鍵點。

二、黯氣侵襲在兩眉印堂間，印堂是人緣點所在，印堂氣黯，代表人際關係不佳，時有與人爭鬥情事，不僅是學生或學生家長，還會有親戚、同事。

三、顴骨些微張突，鼻子豐隆勢起，代表指揮能力很強，可以獨當一面，是個追求完美主義者。

四、如果再配合法令、印堂齊同觀論，林老師工作遭逼退，這完全是自己剛強個性使然。

五、眉毛黑濃過目，法令紋深長，是典型「妻管嚴」的面相，夫妻倆都受悶氣，所以，林老師在公私兩方面壓力夾殺下，伴隨著就是失眠，對嗎？

老沈解說到這裡，只見林老師在視頻那端，唉的一聲，問道：「您是怎麼知道的？我最近睡眠品質，真的是奇差無比。」我說：「是妳眼睛氣色偏暗告訴我的！」

林老師又問：「那我現在該怎麼辦？」我道：「蘇格拉底說：『個性就是命。』認識自己，改變個性，才是造命養運的敲門磚。」這回，美麗的林老師連謝不已，還說要來送份大禮，我笑著說：「送禮就免啦！自個去捐善米就行！」

通話結束前，老沈送她良方一劑：「金以剛折，水以柔全。用妳的笑容改變世界，別讓世界改變了妳的笑容！」她似乎悟出話中之話，這回她的笑容可燦爛了！

看相說故事？走筆至此，老沈頓時感覺，自己當「張老師」是要比當王祿仔，還來得稱職呢！

第132篇
眼睛無神努力未必會成功！

眼睛有一分神，便有一分事業，眼有十分神，便有十分的事業；眼睛無神，就別相信「努力一定會成功！」

昨天老沈邀位事業有成的門生，來家裡泡茶敘舊，茶敘中他說：「學了面相後，驗證了不少案例，還真的每言必中，面相好好玩！」我接著說：「說則故事分享分享如何？」門生露出笑容，便說出了一則案例。

他說：「一年前，有位30歲的年輕人，他老爸提供了四百多萬元資金，開了一家裝修富麗堂皇的髮型設計名店，經朋友引介，登門請教事業經營之道。這年輕人離開後，當下我就直接斷言的向老婆說，他的店經營不起來，會認賠殺出。」

我問：「結果呢？」他說：「賓果，他才開業不到八個月，就結束營業了。」

這回，老沈好奇的問起門生，這位年輕人的相理，到底哪兒出現了破陷？門生一一陳述了這年輕人的相理：

一、眼睛有一分神，便有一分事業，眼有十分神，便有十分的事業。這位年輕人來訪時，兩眼無神，既然眼睛無神，又哪來的事業？

二、他年30歲，額頭平坦斜上髮際，毫無奇骨。老師說過，額無奇骨，富貴乏緣。

三、他明顯髮尖沖剋印堂，又是平眉，加上兩眼無神，這是我推論他經營不起來的論斷根據。

四、當我在告訴他經營理念與管理方法時，這年輕人根本抓不到問題重點，還盡提些不是重點的問題，從對話中，我已知道他毫無內涵，一個沒有內涵的人，又如何去經營四百萬元資金的事業呢？

當聽完門生這論斷敘述後，老沈高興的擊掌直稱讚：「相界輩有人才出、各領風騷數十年。你太優秀了！」

這門生回噴了一注香水說：「感謝老師，是老師教得好！」我樂得推說：「要謝謝你那三台光碟機才對呢！」此話一出，師生兩人，哈哈大笑三聲！

愛拼才會贏？眼睛無神，就別相信「努力一定會成功！」就容老沈以這句話，做為故事結語吧！

第133篇
你的一句話，讓我們看見了陽光！

如果生命是一道陽光，你能照亮了自己，也能照耀他人；遇見他人急難處，只要出一張嘴即能解救，快樂自來！

老沈自學面相初期，喜歡探索驗證，只要白老鼠送上門，來者不拒，照單全收。

記得二十多年前，好友洪先生兄長工作遇上迷茫，他介紹兄嫂，專程來拜訪我這個名不見經傳的王祿仔，老沈不揣簡陋，竟也扮起了半仙！

那時，洪大哥兩眉深鎖地問：「沈先生，我公司外移，這一年來

工作遇上瓶頸，不知該如何是好，您可以給個點撥嗎？」

在旁的洪大嫂說：「先生沒一技之長，這一年來跟我在夜市賣壽司，聽小叔說，您對面相有研究，所以特地來拜訪請教您。」

洪先生年40歲，眉目清秀，鼻子隆起，準圓厚實，但兩顴平塌不突；洪太太年38歲，額頭飽滿，眼神帶愁，鼻子偏短看似無奇，但是側看鼻樑骨，卻是高寬厚，又，下停圓潤，地閣骨朝；且值得一提的是，她印堂以至鼻子，隱約發出蛋清瑩光，聲音特是柔潤好聽。

相書云：骨相主一生榮枯，氣色宰一時休咎。

當下這對夫妻，工作上雖然走在迷惘的十字路口，可那時，老沈斗膽對這對夫妻說：「雨過天晴，否極泰來！」

聽完我這一說，夫妻倆異口同聲驚訝地問：「怎麼有可能？」我說：「再過一年，你倆會有一番好風光，別太過擔心！」

事隔二年，老沈來到北門洪友家走春，巧遇洪家兄嫂，夫妻倆見到老沈，起立相迎，洪大嫂面帶喜悅地說：「沈先生，您是我們的大貴人，自從拜訪您後，我與先生信心十足，租了店面全力投入壽司販賣，生意出奇的好……。」

洪大哥接著說：「真的很感謝沈先生，你的一句話，讓我們看見了陽光！」

這時，好奇天真的洪大嫂問：「沈先生，兩年前您是怎麼看的，說我夫妻一年後會否極泰來？」

有趣！老沈看相不收費，這回，還要為他們解開面相神祕面紗，就姑且當售後服務吧！

何以老沈臆斷40歲的洪大哥，來到41歲會發旺，臆斷根據何在？答案如下：

一、洪先生鼻子隆起，準圓厚實，眉目清秀，相理佳好，41至50歲流年必然發貴，但因缺乏顴骨，所以擺攤創業，倒也適才適位。

二、洪大嫂的相，才是助長先生事業運的關鍵：

1. 鼻子為配偶運，洪大嫂鼻雖不是特大，但是鼻樑骨寬高厚，所以她之流年來到39歲，開始會正向的反應在先生的事業上。

2. 女生印堂寬闊平整，意味先生事業無阻，有經濟能力，其中重點是，洪大嫂印堂與鼻子，隱藏著微微熠亮的氣色。

3. 洪大嫂的音質。純而不濁，說話平緩不急，金行形銅片聲音，清脆飄遠。如此特好之聲相，豈是貧婦階級所能比。

三、眉為兄弟宮，我友阿旺，眉毛特是秀麗，當兄長的哥哥自當得益，所以，如果洪大哥不發旺，那就是自己努力不夠吧！

那天，老沈大放厥詞，做了如上說明，最高興的卻不是洪大哥，而是洪大嫂，她喜悅的說，為感謝老沈，要包個大紅包給我！

小生小生我怕怕！老沈看相從來不收紅包；收紅包，我就不叫老沈了！

第134篇
哇！您是在現場開會嗎？

不識貨請人看，不識人慘一半！

預測是門未來學，可以是時事的，也可以是人事的，預測結果，都可以提供自己作決策之用，故又稱為風險管理，或生涯規劃。

舉例來說，氣象預測專家評估出，半年內雨量氣溫變化等，便能推測對農業產量的影響，如果你是農產期貨商，就能依天候資訊去操作期貨。

又如，新冠病毒肆虐中國大陸，如果你是台灣中藥買賣商，你的買賣決策為何，這決策肯定會影響到你的口袋收入。

這就是所謂的趨勢學！藉由產業情報資料作線性分析，推論可能的結果，提供企業、個人作為決策考量之依據！

　　至於面相，也是一種趨勢觀察；觀察自己，也觀察相關人，再據以理性地做出生涯規劃。

　　今天故事人物是鄰居徐小姐，芳齡五十歲，長相秀麗，能力超強，任職某直轄市局處祕書，因前任處長退休離職，另有高就，欲邀請她至新單位工作，她猶疑不決，特別來請教老沈。

　　她說：「老長官很賞識我，離開公職後在某政黨任要職，一直要我去擔任特助，但我對黨務不熟，且得搬離公家宿舍，我有點擔心……！」說完，她以手機秀出老長官的照片，問：「老師，你看他長相晚運好嗎？」

　　她照片中的長官，相貌堂堂，兩眉退印，眉毛濃秀，眼珠明亮，鼻顴相配，法令深秀且長，海口上覆下載，地閣寬闊，一臉慈祥，泛出明潤的光澤。

　　看完照片，我說：「這位長官晚運很好；做事果斷明快，很有原則，實事求是，有擔當，又會照顧部屬，有這種長官真是福氣；惟一要戒慎的是，不可以拍馬屁，太過恭維，會被馬腿踢到。」徐小姐哇的一聲說：「老師跟他認識嗎？完全正確誒！」

　　隨著，她又秀出新來的處長照片：「那老師您看這位新處長的相呢？」

　　新處長是位中年帥哥，五官端正，氣色紫亮，但眉毛淡輕，法令紋特別淺，嘴唇稜線不顯，我說：「這位新任處長，缺乏擔當，做事猶豫不決，令出多變，沒有原則，盡開些沒有效率的會議，議而不決，決而不行，行而無果，總是要求部屬再想法子。」

　　徐小姐一聽，立即很驚訝地說：「哇！老師您是在現場開會嗎？他就是這樣的個性！」她接著說：「所以在他底下，真的很難做事，這也是我來找老師的原因。」

　　徐小姐又問：「請問，我要怎麼做抉擇？」我說：「舊長官眉

73

黑，法令紋深，重情義，會照顧部屬；新長官眉毛淡，法令紋淺，跟他任事雖很累，但工作相對好混，重點是，與這種三輕格局的長官共事，就別指望他會拔擢妳，或念舊為部屬情義相挺。」我再說：「以上是我給的分析，至於要怎麼抉擇，那就看妳自己追求的是什麼？」

美麗的徐小姐，若有所悟的說：「我知道要怎麼辦了！」點頭道謝後，留下了一瓶高粱酒，便與徐媽媽轉身離去。

趨勢掌握，識者商機，不識者危機；面相掌握，識者無憂，不識者茫然！它都是屬於未來趨勢的一環。追求富貴夢想的各位，你能忽略它的存在嗎！

第135篇
看論事業運要以六曜星著手！

面相有一則鐵頭定律：「骨相主一生榮枯，氣色宰一時休咎。」以面相看論大運，需要骨相與氣色兩者兼備，缺一則不可。

今晚就來說則，骨相與氣色論斷流年運的故事。

故事主角阿倫，他是老沈高中同學，也是鄰居，畢業後這幾十年來僅謀面幾回。最近因臉書加友，他從臉書貼文中，看見「愛上面相棧」，知道老沈對面相小有研究，所以特地來訪，相互切磋，交換命理的經驗分享。

閒聊中，阿倫說：「我高中就研讀易經，出了社會也熱衷命理五術的研習，且還拜了五術名師，但因資質不足，僅懂些皮毛，無法再更為精湛。所以，我把五術當成一門學問學習。」我說：「同學客氣了，你是班上高材生，天資過人，肯定是一方之家！」

他接著說：「瀏覽你臉書社團貼文，論述內容十分到位，我好奇

的是，你的面相師承於誰？」我回答：「沒有師承與門派，純因興趣，自學而領略一些，無師自通，菜市場王祿仔的伎倆罷了！」他說：「你能把面相玩出心得，通常應該是帶有天命與資質，對否？」我回：「是我額頭受傷的原故吧！」

　　幾杯茶後，阿倫突然問：「同學，冒昧請教你，我二年前退休，閒著沒事，你能從面相觀看出，我還有事業第二春嗎？」

　　阿倫虛歲64歲，問事業第二春？老沈說：「面相是一分符號，論斷一分休咎。問事業第二春，就得依你臉上骨相及氣色為據作論，我認為，今年冬至前後，同學應該會有事業的第二春。」阿倫看著老沈說：「願聞其詳。」

　　為何我說阿倫今年入冬會有事業第二春，老沈對眼前這位同學，相理的剖析如下：

一、先就骨相來說，地閣骨主晚年65歲至75歲流年大運。阿倫地閣城寬廓開，地閣下巴骨結塊朝上鼻子，阿倫今年64歲，按中國習俗，冬至過後加一歲，是為65歲。因為阿倫之地閣骨完美無瑕，所以65歲後的晚運，榮昌可期。

二、從面相看論事業運，不外以六曜著手，六曜星位就在臉上神祕十字帶區。所謂六曜指的是：印堂紫氣星，兩眉羅睺、計都星，兩眼為太陽星、太陰星，鼻子是月孛星。六曜明亮，財運見吉，六曜氣暗，休問事業！眼前的同學阿倫，六曜鑠亮，臉上散發著清朗明潤氣色，這般佳好氣色，當主吉昌無疑！

三、論晚年多項財帛收入，就離不開法令紋、金縷紋或稱木偶紋。阿倫同學法令紋是有點不對稱，且嗓音微啞，語速偏急促些，這對應他流年56歲至64歲，事業見阻，倒也屬實，但是他嘴角外側，攀著兩條明顯的金縷紋，按相書類比歸納：地閣寬闊，金縷攀掛，主晚景興隆，所以我給推定，阿倫晚年可心想事成。

當阿倫聽完我糊塗塗的解說後，他開口說出：「你的分析還真有所本，我能接受同學的說法，至於65歲事業第二春之論斷，與幾家宮廟籤詩，不謀而合，同學真是閱人有術，受益了！」

面相好好玩！臨走前同學順口又問：「我有需要特別注意什麼嗎？」這時，他手摸著右眼尾痣，老沈笑著說道：「你也太帥了，可別當師奶殺手。」語畢，兩個六旬老翁，竟然哈哈大笑了起來！

老子說：「知者不言，言者不知，智慧之人，不誇誇而談，誇誇而談之人，多無智慧。」今早與同學誇誇而談，看來老沈僅是丁點小聰明，還攀不上智慧！慚愧啊！

第136篇
她終於閉上了彈簧嘴巴！

外在行為，會透露氣性才能，解讀其人行為，便能察覺其人的貴賤顯愚，吉凶福禍，行為如是，說話亦然，都是心性的外顯！

說話三要素：該說時會說，是水準；不該說時不說，是聰明；知道何時說，何時不說，是高明！

今天是婦女節，老沈來說一則三八女人的故事。

主角是年約五十歲的長舌婦，老沈在郵局辦理寄件時，見該婦人對著郵局裡的員工與顧客，自言自語，自問自答，語話內容，盡是一些意識形態似的，無的放矢，忽而罵藍，時而批綠，嗓音之大，並非餘音繞樑，而是鴨子唱戲，聒噪還是聒噪！

她聒噪如雷鳴，所以，在場的聰明人，根本沒有人搭腔理會她。

長舌婦約莫十來分鐘的演說，一時間，她自覺無趣，說了句：「我好像很厚話（按：話多的意思），真歹勢！」這時，老沈回了

句：「嗯！賀（好）聽！賀（好）聽！三房加一廳，足賀（好）聽喔！」

　　她！見老沈給這回應，突然間笑了出來，連郵局裡頭的人，也都噗吱吱的笑了出來！真是的，一語點醒話中人，長舌婦終於閉上了她的彈簧嘴巴，霎時間，郵局變得十分寧靜，靜得只聽到櫃檯傳來的鍵盤聲！

　　現在老沈就來分析這三八婆的相理：

一、臉方膚白，底子是金行人，但話語喋喋不休，其性主火，兩者齊論，無非就是金火交剋之五行相。該種相者，有小聰明，沒大智慧，發貴在年輕，業困在中年，至於晚年，則病在心臟。

二、她的嘴巴，櫻桃小口，形如稜角，又嘴唇尖凸，因此，是個天生的演說家；但她在該說時，話說得多，不該說時，話不曾少，又不知道何時要說，何時不要說，所以老沈暗中給她的評量是：「沒水準，兼沒衛生。」

三、嘴巴為出納官，可以看論社會位階、飲食與文化水準，嘴巴尖凸偏小如她者，壓根底的，與富貴乏源，永遠也當不上貴婦，這從她腳底下的拖鞋，就能一窺便知。至於文化水準，從她無的放矢的自話中，長舌婦的家教、學校教育、社教學習，不難揣知，應是白卷一張。

四、有道是：口開傷元氣，舌動是非生。實務經驗告訴我們，話多者氣虛體弱，多話者是非叢生。因此，從她的說話中，似乎已透露著她要面對的，是健康問題，還有人際關係的問題。當然也可以論斷出，她人生賽局的威脅在哪兒！

五、嘴巴水星主56至64歲流年運。所謂沉默是金，能言善道是顆鑽石，如果其性不改，依然故我，肯定的，這位長舌婦流年來到56歲，她的能言善道，恐怕會是一顆如假包換的石頭！

命運會寫在臉上，也著附在我們的行為上！面相最偉大的發現

是，人類可以藉由自覺性地改變思考理念言行，而改變命運！

可惜！與長舌婦非親非故，就當是個路人甲。可喜！它山之石可以攻錯，她是逆向菩薩，她的外在行為，足讓老沈再一次的自省學習。

至於，誰能去點醒她？那就請車城福安宮那尊「福德正神」來加持她吧！

第137篇
「寄居上流」這部片子我喜歡！

韓國電影「寄居上流」提到，有錢人的房子總是要拾階而上；有錢人的衣服總是平的！

沒錯，當中產階級逐漸消失中，M型社會更趨明顯，貧富差距會大大的跨過「吉尼係數」（Gini coefficient）的均數。在人民所得中，吉尼係數介於0～1之間，吉尼係數越大，年所得差距越大，其分配越不平均；吉尼係數越小，年所得分配則越平均。

現實的生活裡，窮人的住窩總是在地平線上下，且窮人的衣服，永遠缺少那筆直的熨線，但是窮人的臉上，硬是要多出幾道皺紋。

面相研究，要從田野觀察作起，用兩個極端作劃分比較，就能大概分類出所謂的上流與下流。

老沈是個業餘面相研究者，今天就來說說，半下流社會人士之面面觀。

從所謂「高級餐廳」與「庶民小吃」的比較，老沈無數的觀察與歸納，從中得到些心得，可做為分析比較。

在高級餐廳裡，進出的人，不是鴻儒雅士，就是巨賈或政商名

流，他們臉上共同的特徵，不外是氣色明潤亮麗，雙眸視瞻神足，整個臉龐散發氣清光澤。當然，身邊帶出場的老婆大人，哪個不是印堂開闊亮麗，要不就是鼻樑還真是高、寬、厚、實、正，且眼神總是十分和惠。

老沈委身半上流，也窩居不入流的社會階層裡，偶爾在「庶民小吃」路邊攤用餐，眼觀耳聽下，對所謂「半下流人士」有著貼身的觀察，本故事內容，就簡單舉例說明分析如下：

一、某甲男年約四十，眼珠圓大，眼波成雙，髮際線呈鋸齒狀，額頭平寬，後腦無杓骨，見他對旁桌人說：「幹！今天又摃龜，又輸了幾千元⋯⋯。」老沈一看，他額頭沒有奇骨，但膚色白，眼不聚焦，心裡暗自臆斷，他應是紈絝子弟，說話毫無內涵，著實是個社會寄生蟲。

二、眼神飄漫某乙女，年約四十來歲，見甲男說簽六合彩輸了，用極沙啞的嗓子搭著腔說：「輸就輸，就別講了，呼搭（乾）啦！」有趣！從她的舉動，老沈可以大膽推斷，她應是八大行業的落翅仔吧！

三、年在五十左右，身材矮小，手臂刺青某丙男，這時手搭著女乙的肩膀說：「林北（按：台語你爸，即我自稱）這幾場挍（賭）有贏些，今晚讓我請客，看我面子，我們就大口喝啦！」按心理學說：自大皆因自卑感作祟。不用我說，大家也可以猜出，他只是個遊手好閒，混黑道幫派，不入流的小咖仔而已。

四、在旁，眉尾散亂，眼睛睜露，法令紋斷續的某丁男開口了：「說好的，今晚我請客，老大你說的不算啦⋯⋯！」相書裡頭說的，眉疏不聚財，他幾杯黃湯下肚，便率性的就要當起老大。再次驗證，窮大方的人，眉毛尾端相理總是散亂不聚的。

五、某戊女約六十來歲，是這家庶民小吃的老闆，她雖徐娘半

老，但風韻猶存，細細的小腿，夾著扁平的屁股；小小的嘴唇，發出輕飄飄的金音水聲，不規則的皺紋，繞在嘴角四周圍；當她端了一杯酒，來到我們飯桌前說道：「砂鍋魚頭還要燉一會兒才能上菜，抱歉，讓你們久等了！來，一起來！我敬各位……，謝謝喔！」她，果然是大姐大的架勢，可惜黃花飄落，曾為滄海難為田，晚年經營路邊攤子，利用她的剩餘殘值，謀口飯吃！

以上是老沈過年後，在台南某庶民小吃店，面相觀察實紀，就充當故事，描寫出來。

總的歸納，就面相來說，半下流社會人士，面相都有共同的特徵，他們眼飄神露，氣色就像是蒙了灰塵的窗戶一般，濁而不清；再者是，這些人多數鼻子偏小，蘭廷兩翼偏薄，法令斷續不秀，下巴城闊不開，說話水平不高！

所謂：行為造眼神，心理造面腔。其實，洞觀人生百態，我的心得只有一句話：「只有提升自我心靈，才是面相的常態。」

說相解相？面相說穿了就是心相的反射，如果心念不正，你會是「寄居上流」金家人的同溫層嗎?!

經典！金家一口子的那些演員們，還真的演活了下半流的人士的面面觀！戲如人生，人生如戲，「寄居上流」這部片子，饒富人生意涵，我喜歡！

第138篇
下巴痕65歲會是個大轉捩點！

面相是門未來學，從臉上符號配合流年，可以畫出一條生命的曲

面相故事 80
第二集

線圖！

最好的生命曲線圖，要上揚且飄長，這是白手起家的最佳曲線，問題是，你有這種福氣嗎？

面相如一本書，我會細細的品嚐它！今天來說則白手起家的面相故事。

故事主角是位老朋友阿男，他長得人高馬大，額頭髮際線平整，天停開闊飽滿，日月角更是明顯；中停則是眉揚眼銳，那高寬厚實的鼻骨，直貫中天，且兩顴骨，橫張在兩頤之上，霸氣十足；至於下停，幾是無懈可擊，惟一美玉瑕疵的，嘴下右邊比鄰一道明顯的疤痕。

阿男自國中畢業，因家境貧困，離鄉背景，出外打拼，無一技之長，從汽車教練場雜役幹起。

聰敏過人的他，努力學習，白天打工，晚上唸補校，當他滿十八歲那年，為了不再睡地板，立馬去考駕照，並躋身汽車教練師，總算混了個名片上的頭銜。

在一次的機會裡，他遇上了貴人，是位從事營建業的學員，介紹他去學水電工，並負責工地管理，所以他轉換跑道，白天從事水電，晚上看守工地。

本分又細心的阿男，從不誤事，除了把水電本行做好，還把老闆交代的事項，一五一十，管得牢牢的，因此，很受老闆賞識。

機會來了，有天老闆對阿男說：「我需要一塊大坪數的建地，你幫我找地，如果成交我會給大紅包！」

這時阿男立刻想到，住在高雄凹仔底的補校同學，田產很多，在他努力奔走下，說服同學的父親，把一甲多的建地仲介成功，他因而從老闆手中，拿到一百萬的大紅包，這是阿男人生的第一桶金！

時來運轉，阿男從此鹹魚翻身，並一頭栽入房屋建築業，那年他才28歲，七十年代的台灣，百業興起，建築業又是經濟的領頭羊，所以接連的二，三十年裡，成就了他宏偉的事業。

又，他對趨勢發展嗅覺敏銳，二十年前再投入觀光產業，蓋了一家頗氣派的觀光大飯店，拜觀光業蓬勃發展，兩岸氣氛平和，他事業一路順暢，直到陸客不來這幾年，他的事業才受到影響。然而，屋漏偏逢連夜雨，這回又遇上新型冠狀肺炎疫情肆虐，阿男說：「每個月要賠上幾百萬元，很慘！」

阿男是人生的勝利組，從無到有，從有到既富且貴，他的生命曲線圖，是45度角的最佳曲線。就相說運，這何嘗不是與他臉上的符號完全契合嗎！

巧！前年陸客不來，今年疫情不退，今年虛歲65歲的阿男，流年剛好走進「莊田」、「比鄰」部位，按面相流年運來說，老朋友從62歲後每下愈況，65歲不賣田產認賠也難！

疫情肆虐，當下觀光產業已成慘業，他的公司要裁員幾成定局，阿男下巴那道2公分的疤痕，是部屬叛離的表徵，疤痕已清楚的告訴老沈，下波他要面對的難題，肯定是勞資糾紛，且恐是敗訴的一方！

大拐點！看來阿男生命曲線尾端，65歲會是個大轉捩點！

第139篇
額寬且亮者，是孝女也是孝媳！

上帝待人至為公允，善耕耘者，必有好收穫！

今天故事主角楊小姐，6年前加入愛上面相棧，她是半個命理高手，唯獨面相還不上手，所以長期追蹤老沈上課的訊息，直到老沈公告應邀在全國勞團總會，開班授課，她搶先報名，成為老沈門下學生。

認真學習的她，從不缺課，勤作筆記，且有系統的蒐集面相問

題，藉由課堂與課後，一一提問。

老沈知道她是位五術玩家，所以在老沈的心裡，直認她是在探測老師的相學深度，幾次給了回答後，就在最後一堂課休息中，她趨前說：「老師的課讓我更認識了自己，受益良多，很感謝老師不保留的傳授……！」我直言回道：「要來求相對嗎？」她說：「老師怎知道我想求相？」我笑著說：「直覺感告訴我的！」

看相！門生當下求相，礙於情面，老沈只好隨之抓了幾個重點，告訴了楊同學：

一、妳額頭特別寬闊，氣色明亮曜光。我的推測有三：

　　1.額寬且亮者，是孝女也是孝媳。

　　2.女生額骨寬闊如妳，第一胎生產曾遭難產折磨。

　　3.額特寬亮是為照夫鏡，又有印堂痘疤，是為妻管嚴，此刻當下，先生心理過得不很踏實自在。

二、就妳印堂痘疤的休咎推測也有四點：

　　1.先天支氣管不好，經常性不自主的乾咳。

　　2.印堂與鼻子為夫星，妳鼻子雖高挺，但印堂痘疤當道，所以先生事業有志難伸。但妳流年來到51歲冬後，先生會更上一層樓。

　　3.凡有印堂痘或疤痕，一生都得擔負家庭以至家族的重責大任。簡單的說，是夫妻雙方家族的重心依靠。

　　4.印堂痘痕者，悟性特強，極富宗教情懷，有著虔誠的宗教信仰與堅持，且因早年命運多舛，所以也是術數命理的玩家。

三、眉毛特是秀麗，意味妳對手足有情，對朋友有義，如加上印堂開寬以及印堂痘疤參看，妳經常不求回報，施濟助人。

四、當下眼睛氣色偏暗，夫妻情感還有再經營得空間，宜瀏海半遮額頭，練就和惠的眼神，夫妻關係必能改善。

五、地閣城開廓寬，地閣骨結實朝向鼻子，如再加上天倉平寬，

日月角微起，這示意著妳的晚運特是昌旺，不動產至少三筆以上，且可繼承夫家與娘家的遺產。

六、至於聲相，如果說話速度放慢，語調平和，妳的明天會更好……！

當聽完老沈給的看論，楊生不自禁的「哇」了一聲，這時引來同學的圍觀！記得那天課堂結束後，學生爭相求論，圍繞著老沈不讓走，老沈只丟了句：「看相要預約，臉書再聯絡吧！我還有一百多公里的回程路要趕詼！」這時，才安然脫身。

幫學生看相，已事隔多年，年前她來訊：「老師給的論斷，落點趨近於一。」她感性的說道：「謝謝老師的提撥點醒，先生三年前升了主管，與小孩也沒了代溝，我工作也做得很順利，真的要感謝老師您！」

這回，我以用半激勵的口吻說：「生命榮耀，全憑自我體悟與實踐；改變自己，妳做到了！恭喜！」

上帝待人至為公允，善耕耘者，必有好收穫！這句話，再次得到了驗證，恭喜這位門生得到面相的真傳，老沈還真為她高興！

第140篇
先生你有桃花豔遇！

命理如紫微斗數、八字、面相、風水、卜卦，根本上是一套又一套的易經密碼，誰能解讀密碼，誰就能獲取天機，就能探索命運的軌跡，還能得知他人生命的運作，與不為人知的隱私。

但，天機還真的不可輕易外洩，洩者傷剋己身，甚至引來殺身之禍，這不是開玩笑的！

今晚，老沈就來說一則這方面的故事。

那已是18年前的事，老沈在台南開班授課，學期最後總會把學生拉上街頭，擺攤義相，目的在培養學生的實戰經驗。

在一個下午，面相團隊在台南府中街義相，熟識的友人王姓夫婦前來探班，王先生借此請求看論，老沈推薦極為優秀的門生謝小姐幫他看論。

門生謝小姐看了王先生幾眼後，直指王姓友人說：「先生你有桃花豔遇……。」王語氣不悅的說：「沒有，妳錯觀了……！」

個性直率的謝姓門生回說：「眼睛一大一小，左眼尾生痣，鼻樑年壽外側也生痣，又，左顴骨也生痣，且奸門嫣紅，眼帶笑意。老師課堂教的桃花符號，都已寫在臉上，所以我說：有！這桃花就落在流年37、38歲……。」

尷尬了！王太太一聽，表情僵硬的直看著她先生，而王姓友人則一再辯駁的說：「小姐，妳錯觀了……！」

他們兩人一來一往，引來其他學員的圍觀，謝姓門生突然回頭問：「老師，您說我的論斷有錯誤嗎？」

門生這麼突如其來的問，當下最尷尬的是老沈，這會兒，王姓友人捲起了袖管，對著門生怒氣沖沖的說：「妳要說清楚，別亂講話！」

為打圓場，我對著門生說：「王先生是那百分之二十的除外，妳就甭說了！」

回頭，老沈擋住了友人的怒氣說：「學生是來實習的，錯斷難免了！您我是老朋友，給個面子，請息怒，就別一番計較吧！」

他！轉頭瞪眼，對著門生謝小姐說：「看在沈老師的情面上，這次就饒恕妳……。」這才平息雙方的盛怒之氣。

街頭論相，是老沈學生必修的課堂，但這回活動，因門生毫不修飾，鐵口直斷，卻引來不愉快的一幕。論相？它可以指點對方生機，但也別忽略了，話說得太過直白，它會引來殺機；不宜不戒慎！

天機不可洩露！嘆！不經一事，不長一智；幸！這回我等師生確實學習到了！

又，謝姓門生真有錯觀嗎？又，王先生是面相百分之八十以外的清白者嗎？

老沈只能說，門生謝小姐優秀，她的論斷完全正確！但，那天老沈沒有站在面相真理的這方，因為要圓場，所以我選擇了「難得糊塗」！

「難得糊塗」？故事還未了，精彩的答案，就容下回說分曉吧！

第141篇
奸門嫣紅眼帶笑意，是當下桃花！

「天機不可洩露」！論相？是可以指點對方生機，但也別忽略了，話說得太過直白，它會引來殺機，不宜不戒慎！

上篇故事裡談到，優秀門生在街頭論相當下，揭穿了王姓友人不為人知得桃花暗情，王姓友人差點出手打謝姓女門生，因此，老沈再次感受到看論人之非，要懂得迂迴，不宜太直白，免得惹禍上身！

現在，我們就來探討這則「桃花暗情」的個案吧！

話說，那天街頭論相，個性直率的謝姓門生，直指王姓友人說：「眼睛一大一小，左眼尾生痣，鼻樑年壽外側也生痣，又，左顴骨也生痣，且奸門嫣紅，眼帶笑意。老師課堂教的桃花符號，都已寫在臉上，所以我說：有！這桃花就落在流年37、38歲……。」

的確，王姓友人臉上確實出現如上的符號，現在老沈就來分析這幾項桃花暗情的符號：

一、眼睛一大一小：多數眼睛一大一小者，夫妻婚情於33、34
　　歲，37、38歲與46、47歲，這三個時段婚姻會亮起紅燈，其
　　中以37、38歲尤甚。

二、左眼尾痣：眼尾奸門是夫妻宮，主男女婚情。奸門長痣夫妻
　　情感不蜜，容易引惹婚外桃花。男，痣在左為主動，痣在右
　　為被動；女生則反向論之，痣在右為主動，痣在左為被動。

三、鼻樑年壽：以鼻子論婚情，相書一致認定，男生鼻樑年壽長
　　痣，會因女色引來禍端或破財。

四、左顴骨生痣：就男女婚情來說，男生左顴骨痣，暗喻會搶別
　　人老婆或女朋友；反之，則是女朋友被別人強走。

五、奸門嫣紅，眼帶笑意：凡是奸門嫣紅，眼帶笑意，是為當下
　　桃花豔遇的外徵。男女同論。

　　以上這些符號，只要出現三、四個，就可以往婚外情推定，何況
是出現了五個婚外情符號。所以，門生謝小姐對王先生婚外情的觀
論，成立不虛。

　　這回街頭論相，引來王姓友人的不悅，不是門生看得太準的問
題，而是友人帶著妻子同來。他的底，不小心給個性坦白的門生洩漏
出來，王比手捲袖，故作揍人之態，其實是表演給床頭人看的罷了！

　　面相好玩又有趣！事隔幾天後，應王姓友人邀約到他家作客，這
回換他老婆突然的問：「全榮，你看我先生有外遇嗎？」慘了，如果
具實以告，肯定會引來「另一個意外」收場。

　　真理與朋友選邊站！這回，老沈回答說：「面相有百分之二十的
除外，嫂子一臉祥和，代表王兄就是除外的那一個！」當下，為了朋
友而說謊，竟然還鏗鏘有力，一臉正氣！

　　君子坦蕩蕩，小人長戚戚。現在，老沈想起那當下情境，好不慚
愧！

第142篇
這是個分期多偶的年代！

　　命運就藏在細節裡，法令紋除了會透露工作、壓力、健康等訊息，還會是婚姻的密碼，由不得你不信。真的！

　　讓愛情簡單點，幸福就豐富一點。無奈愛情本身是複雜的，我們不能再用上世紀的尺，丈量二十一世紀的婚姻觀。

　　一年多前，同學阿吉登門求相，問的重點在晚運，我幫同學解了相理，當阿吉聽完老沈解說他的晚運後，拿起手機說：「同學，這是我老婆和兩個女兒，同學可以再幫忙看論嗎？」看在同學的情誼上，老沈只好好人做到底。

　　手機照片中，阿吉兩個女兒五官，有著兩個共同的特徵，其一是鼻子高起，其二是法令壓嘴角。未待阿吉開口，居於同學情誼，我說：「這是一個多偶分期，分期多偶的年代……。」愛護女兒的心，盡寫在同學的臉上，他期待著老沈繼續說下去！

　　「同學，我還得請你先深呼吸！」老沈如是說出，阿吉好奇的問：「怎麼啦！」

　　我說：「時代在變，男女婚情觀也在變，為你女兒解相，我得說出真相，用意是讓你心裡先有個底罷了！」這會，阿吉選擇沉默，我接著講：「你兩個女兒不是當元配，如果硬要當元配，會以離異收場。」

　　阿吉驚訝啊一聲：「同學好本事，我都沒說出，二女兒結婚才一年，就離婚了，你光憑一張照片，竟能一語說中！」在旁的阿仁同學好奇的問：「大女兒也是同樣的際遇嗎？」我回說：「女生法令紋壓嘴角，如當元配婚姻不完美；倘是偏房或繼室，倒能獲得幸福的生活。」

　　阿吉吐了口氣說：「那我心裡有底了！」再問：「那我兩個女兒

未來對象好嗎？」我說：「兩個女兒額寬，早年旺父，鼻樑高挺，鼻準厚實，意味你的乘龍快婿，具有很好的社經地位。」

這時，阿吉用燦爛的笑容，半信半疑的問：「同學，此話當真？」老沈笑著說：「您說呢？」話畢，三個六旬老翁，哈哈大笑！

人生沒有採排，那天只為探索「命運」兩字，三個老同學畫唬爛，一畫就是一個上午，還是現場直播⋯⋯！面相好好玩！

第143篇
只有努力奮鬥，才能擁有明天！

逆境如磨玉之石，能使璞玉發出耀眼的光芒！

今天來說一則鹹魚翻身的故事，故事主角是從全額交割股，變成績優股的胡先先。

與胡先生相識相惜，才短短幾個月，他成功的奮鬥歷程，十分戲劇性，足以堪稱典範，很值得讓年輕人學習！感謝在他允許下，讓我寫出了他的故事。

今年70歲的胡先生，是位高階退休的公務人員，他說：「沈先生，說來你不會相信，我高中書讀得哩哩啦啦，家裡赤貧，父母無法供我唸大學，所以一頭栽進陸軍官校專修班。」

是的，他年輕真是經歷許多波折又辛苦，因為胡先生額頭是低窄些，髮際線如鋸齒形狀，又有幾個斷續的飛雁紋。

胡先生說：「那時，一年軍官養成教育後，分發下部隊，才服役四年就辦了退伍，回到社會工作，因工作不順遂，所以26歲我申請再回役。」

賓果，因為額頭破陷的他，28歲前肯定沒有好日子可以過，額頭

相理與他年輕的際遇吻合。

胡先生接著說：「沒想到，回役後工作一路順暢，36歲升了上校，同時也考上國防乙等特考。」

老沈給了面相解答說：「胡處長一對促秀平眉，印堂特開，所以34歲前不發，發貴在35歲以後。」他謙虛的說：「我很幸運，真的很感恩長官的提攜！」我說：「天道酬勤，您是人才，長官知人善任！」

精彩！胡先生眼睛扁細長，眼神含藏著真光，鼻樑骨直貫天庭，兩邊顴骨張起。又，水星呈四字口，法令紋如龍鬚，明秀而長，地閣骨寬闊飽滿，猶如城廓之堅固。堪稱「石中隱玉」之相。

就相論相，以胡處長中下停之相理，想必他的中晚年運，輝煌又精彩！

我說：「處長，您的中晚年攀高摘桂，運銳勢強，好事多多，多得誰也擋不住對嗎？」他笑著說：「我37歲轉任公職後，85年再去唸成大政研所，連做夢都想不到，行伍出身的我，41歲後一路攀高，回想起來，我人生先苦後甘，真很感謝國家的栽培！」

最後，老沈問他：「可以說說處長的座右銘嗎？」胡先生謙虛又微笑的說：「貧困是一所大學，貧困的小孩，沒有悲觀與抱怨的權利，只有努力奮鬥，才能擁有明天！」斯言欽哉！

勇者創造命運，智者改變命運！

胡先生既是勇者，也是智者！他的成功不是偶發，也非突然，是自悟自覺的必然！

隱玉之石，發出耀眼的光芒！佩服加敬仰，他是老沈的偶像！

第144篇

他是一隻沒有腦袋瓜的白老鼠！

一燈能破千年暗，一智能滅萬年愚！

那天，臉書訊息，突然傳來一位中年男子的大頭照，是求相來的。他留言：「師父幫我看看為什麼缺錢？」

哈！毋庸置疑的，他這突如其來的外在行為，已透露了他為什麼會缺錢。

為什麼他會缺錢？老沈好奇，仔細端看這位先生大頭照，尋找他缺錢的相理所在。有趣！他臉上確實有著寅吃卯糧的符號。如果寫成故事，會很有看頭，所以，老沈回以：「看完相後我可以寫出故事嗎？」他回了一張比出讚的圖貼。

這位先生約四十來歲，一表人才，是美玉但也多瑕疵，他的財運情況，就寫在眉毛、印堂、眼睛、鼻子與法令紋上。

這兒，老沈以相理角度，寫出他為什麼會缺錢！

一、相書說：「眉疏不聚財。」這位仁兄，眉毛稀疏，眉尾散亂蓋不住眼睛，更糟糕的是，左眉毛中間還長了一顆灰黑痣。按他的眉相，錢財不是亂花，就是被難兄難弟莫名其妙地借貸，肯定肉包子打狗，一去不復返。

二、印堂主事業運，他兩眉侵印堂，印堂泛青氣色，這意味，此刻當下，這位仁兄工作已遇上瓶頸，收入欠缺穩定；如果，再配合他那斷續不秀的法令紋看論，可以這麼推論說，他的工作並不穩定。換言之，財源不繼。

三、眼睛會說話，從眼形來看，一邊眼皮內雙，一邊是明顯的外雙，回到眉眼與理財的關係來說，這是不善理財，花錢率性，不知節制的相理。另外，按他的眼神來說，一副樂天神情，笑瞇瞇的眼神，缺乏內斂之神光。他問，為什麼缺錢，

答案盡寫在兩眼中。

四、鼻子為財帛宮，問財運，離不開鼻子。這位先生，鼻子特是豐隆厚實，但是左鼻翼有顆大痣，財帛長痣，猶如財庫破洞，所以財來財去。又，按相書所指，這顆痣有三個解讀，一是曾有腸胃疾病，二是桃花損業，三是錢財流失於無形。

以上論點，準與不準，只有當事人最清楚，他沒有回應，只連續按個大大的讚圖，並了補句：「謝謝老師！」

強勢的行為是種攻擊，強勢的求相是種唐突！有句話說：「看透小事者豁達，看不透者計較！」

他唐突求相，我可以不用計較，但老沈還誠心誠意地，送這位仁兄兩句話：

一是，一勺勺積累的錢，不要用桶子倒了出去！

二是，懂得尊重不用成本，但卻能創造很多財富！

個性就是命！哈！這位仁兄如此冒昧無禮，又是強勢的求相，真是一隻沒有腦袋瓜的白老鼠，你不貧困，誰才是貧困?!

第145篇
髮際線呈雙髮尖就是額頭岔！

英氣最害事，渾含不露圭角，最妙！又，聰明睿智，守之以愚；功被天下，守之以讓；勇力振世，守之以怯！

這是篇恃才傲物的故事，主角高先生是位中階公務員，年約50歲，某名校研究所畢業，31歲高考進入公部門服務。

在職資歷已十九年，但遲遲未再攀高，晉升主管，還降階轉調。他那股心中悶氣正蘊釀著，懷才不遇，不如掛冠歸去的念頭。

他擁有土木技師證照，近日在朋友力邀下，想轉換跑道，合夥創辦營造公司，但因心頭拿不定主意，高先生去求了神明，神明沒給明確答案。

在好友林老大的牽線央托下，林老大傳來幾張高先生的照片，要我這閒丁隱士為高先生看相指點迷津。

看相！老沈秉持有一說一，只談看得見的符號，看不見或不懂的，便三緘其口，不予置喙。

詳看照片中高先生高俊帥的相理，老沈就以幾項特別符號，作為故事題材，以電話回覆於林老大：

一、上停相理分析

額頭高寬，氣色明亮，讓人扼腕的是額頭髮際線呈雙髮尖，又稱額頭岔，且上停天中當陽部位傷痕，推論：

1. 年少家道中衰，父母之事業、健康、婚姻，必出現危機。
2. 求學與求職路程，多舛不順，30歲前吃盡人間苦頭。
3. 個性極端，抗上叛逆成性，不得長上緣。但如果長上施以溫情，肯定會赴湯蹈火，賣命回報，如長官強壓，恐怕玉碎瓦不全，落得兩敗俱傷。

二、中停相理分析

高君眉目俊秀，眼睛特是明亮，眼神銳利，鼻子隆起有勢，耳貼且正；可惜，美玉瑕疵，顴骨受傷留下一道明顯的疤痕，推論：

1. 眉清目秀，但眼神極顯強銳，代表氣性才能高人一等，肯定是菁英人才；但眼神過於強銳，額頭髮尖與傷痕雙破陷下，就是典型的秀異份子，不受駕馭，會與長官抗拒，會堅持己見，絕不妥協。
2. 顴骨主權柄，同時可兼看他與朋友、同事間之情誼。顴骨傷痕者，流年46、47歲，會因同事暗地射箭而中箭落馬。

3.眼睛視瞻過於強銳，流年37、38歲，婚姻會亮紅燈。如果不懂退讓，受傷的會是無辜的小孩。

三、下停相理分析

法令雖秀，但不深長，嘴巴寬度不足，並未超過兩眼瞳垂直線，地閣骨直切不朝上，寬度明顯狹隘；簡單的說，下停整體相理，乏善可陳。推論：

1.法令紋秀不長，嘴巴不大，高君的流年大運會止於56歲，56歲後會是王老五過年，一年不如一年。

2.下巴骨無城乏廓，缺乏部屬擁戴力道，沒有得力的僚屬，據此更進一步的說，也主親情難享，晚年孤獨不快樂。

電話中，我對林老大做了如上詳實分析。那頭，林老大開口就說：「傳說中的沈老師，果然名不虛傳，佩服！佩服沈老師的看論，八九不離十！」我說：「林老大，個性就是命，天下人才何其多，何以失意他一個！這不就他恃才傲物個性惹的結果嗎？」

林問：「他確實是人才，但與長官同事總是對不上門板。重點是，他可以轉換跑道嗎？」

我回：「老大，我僅居於善意不相關第三者，提供相理分析，至於要不要轉換跑道，事關生計重大，這決定的責任，老沈可扛不起！」

林問：「這麼說，他還是有六年的大運，56歲後就大運趨滑對嗎？」

我回：「然也！但自覺性的改變個性，就會局部改善所謂的命運！」

林說：「謝謝沈老師，我會據實給提報……。」

我回：「別忘了請他捐米二包喔！哈哈哈！」

人是經濟動物，追求經濟與名位，絕不能帶著不理性又強硬的個性。不是嗎？個性就是命，又再一次的驗證！面相，真的好好玩！

第146篇

仕途不順？外襲法會告訴你答案！

多數人的失敗，不是因為他無能，也不是努力不夠，而是冥冥之中，有一股看不見的力道絆住了他！

這股看不見的力道，無以名之，我們姑且叫它是命運的鎖鍊！

今天老沈以沉痛的心，來談一則，好朋友弟弟因故丟官的故事。

朋友弟弟是名校大學畢業，26歲考進某公務機關，隨後被派送赴美國進修特殊驗關技術，是高層刻意栽培的儲備幹部。他優秀的表現，光耀門楣，傳頌鄉里。

就在十年前，朋友帶著時年36歲的弟弟、弟媳與兒子，不是來求相，純是來家喝茶。

老沈面相研究，不改惡習，一面泡茶聊天，眼睛沒得閒，直盯著這一家三口人的面相端詳。

朋友弟弟相貌堂堂，三停勻稱，額頭寬高，日月角突起，還有一副龍眉鳳眼，堪稱一表人才。

隨之，我朝向年約35歲弟媳的臉，暗地看了一眼。大事不妙，弟媳有兩個符號，一是鼻子偏低陷，鼻樑曲折不順，二是兩眼氣不明朗，還帶著幾分的神驚。

接著，老沈遞了顆糖果給他5歲的兒子，趁機觀看一下額頭，老沈心涼了半截，因為這娃兒額頭上日角，有一道不小的疤痕。

讓人擔憂的問題來了！面相有所謂的「推論與反推論法」，這推論反推論法，就是看到一個相點，再找上第二或第三個相點，便可以大膽的提出命運的臆斷。這種推論與反推論法，就是老沈自創的「面相外襲法」。

本故事的重點是，朋友弟弟的相理，可圈可點。按面相的說法，他是人中人之相格，未來必能出人頭地，光宗耀祖；理論上，我應該

為他高興，但何以老沈看了他老婆與兒子後，心裡暗自大喊不妙？

按相書說法：老婆鼻子是為夫星，女生鼻子高寬、挺拔、厚實，中年夫運自旺；又，兒子額頭看父母運，額骨寬大，膚色雪白，父運必昌。

眼下他老婆鼻塌，鼻骨曲折不平，年入39歲後夫運遇阻，不是病就是丟官；且她的眼神，露出驚慌，這並非官夫人之眼相。

上停在額，主父母中年運。兒子左額受傷，年入15歲父母事業見挫無疑。

嘆氣！從這幾個相點來說，不吉利的符號，已十分明顯，未來，這位朋友弟弟中年的仕途不順，似乎已是冥冥中的定數……！

當訪客離開後，老沈一面收拾茶具，一面向內人說：「這位朋友的弟弟，流年走入41歲起，將會遇上人生的亂流……。」

大不妙！事隔5年，傳來朋友弟弟的壞消息，消息指出，他的單位暴發集體貪汙案，是某同事因任內收賄貪汙，退休後內心不安，主動投案自首，舉發內幕。

朋友弟弟在第一時間，向檢調吐實，並繳回單位這幾年來潛規則的不明款項。結果，案子興訟多年，最後被判有罪，緩刑定讞，他人生的夢就此破碎……。

命運！是有一股看不見的力道絆住了他。遺憾！還是遺憾！

相術？千變萬化，今天看相說故事的同時，老沈不保留的，公開了傳內不傳外的竅門，只希望智術之士更能窮通相理。

學問是要酬金的，因為「知識比無知要有價值。」哈！閒閒沒事做，為掀開面相神祕面紗，躲在斗室敲鍵盤，無償的，貼出一篇篇的面相文章，我樂在其中！

第147篇

他!用大筆的金錢買來「遺憾」兩字!

不識貨請人看,不識己慘大半。他!用大筆的金錢買來「遺憾」兩字!

所羅門王曾留下一句名言:「將你所得的一切,去換取一個瞭解。」瞭解這兩個字,第一是瞭解自己,第二是瞭解別人。

今天就來說一則瞭解的故事,故事配角是老沈的門生,阿得跟老沈習相多年,他瞭解自己,也改變自己,與老婆打拼十多來年,創了一番傲人的事業。

阿得,不但能認識自己,同時,也能精準的見相識人。

今天故事主角是阿明的弟弟,阿明是阿得的拜把好朋友,二年半前的某一天,阿明說:「弟弟準備要開一家模具工廠。」

阿得聽到消息後,站在好友的立場,向阿明勸說:「你弟弟不宜獨資開公司,二年後流年來到45歲,恐怕會翻船,請轉達弟弟,還要再深思而定。」阿明知道,阿得面相的功力不淺,但還是問了句:「為什麼?」

為什麼?阿得說:「弟弟今年42歲,但他的鼻子自年壽以下,歪斜不正,鼻子主事業,流年來到45歲,事業勢必要慘澹經營,恐怕血本無歸。又,你左眉有道疤痕,這疤痕明顯,對弟弟的婚情與事業,負向影響很大,包括手足失和等。」

去年中,阿明還得意的向阿得回報:「弟弟的工作很穩定,事業經營得很順利……。」這時,阿得還是又再苦口婆心的勸說:「真的要小心經營!」

其實,阿得不是隻烏鴉,他只擔心冬至過後,阿明弟弟進入虛歲45歲,工作事業運,勢必會遭遇大翻船。

果不出其然,天有不測風雲,人有旦夕禍福;又,有物有則,物

則相應。就在今年初，新型冠狀病毒肆虐全球，受疫情影響，阿明弟弟工廠業績，大幅滑落，工廠營運與資金周轉，同時出現了狀況。

面相是門未來學！這則故事是一週前，阿得來家泡茶，向老沈分享的，阿得還說：「阿明弟弟，工廠有不少員工，機具五百多萬元，大部分是銀行貸款來的，還有廠租問題，看來他弟弟熬不過這波的疫情。」

這回，換老沈問阿得：「你是從哪個觀點臆斷說：『弟弟熬不過這波疫情？』」阿得說：「最近，弟弟老婆竟然很強勢的，動起賣祖產的念頭，兄弟為此事，鬧得非常不愉快。」

吾生阿得優秀！阿得不但窮通了面相之學，他還知道要從外在行為與環境，去分析所謂的命運趨勢。

茶敘中，阿得開口問：「老師，我的看論對嗎？」

這時，老沈喝了口茶，語氣沉重的說出：「他是用大筆的金錢買來『遺憾』兩字，這代價也未免太高了吧！」

又見遺憾，誰說面相不入流……！

第148篇
瑪莎拉蒂小姐的故事（1/3）！

人之大忌，在好為人師！在相學探索的過程中，有幾位門生一路上相陪，有坦誠相見在三溫暖的，有夕陽下在操場散步的，還有，經常一起泡茶取經的。泡湯、散步、泡茶？只因為我是渠輩的相學老師！

阿得是專事泡茶取經的門生，他會跟，也有慧根。今天為老沈帶來兩斤好茶，師徒倆，飲茶言歡，閒聊中，他再次向老沈分享一則故

事，是一則讓人引以為鑒的的故事！

　　故事女主角是阿得老婆的堂妹，阿得說：「老婆的堂妹，年少早發，30來歲就開瑪莎拉蒂名車。」我問：「喔！年少早發，額頭必是寬大，且有奇骨當陽對嗎？」他回答：「是啊！她額頭寬大，有一塊很大的懸天骨。」我說：「那真的要恭喜她囉！」

　　要恭喜她？阿得搖搖頭說：「她是火行人，是發貴在年輕，但兩眉疏淡，鼻樑見節，膚色白晰，又有一雙極為銳利的雙眼，可憐的是，她的眼睛長在頭頂上……！」

　　好奇的老沈問：「眼睛長在頭頂上，這話怎麼說？」阿得嘆口氣說：「我老婆自小家道中落，被寄養在她家，因此一直以來，她就瞧不起這位堂姐，從來不打招呼。她事業有成後，更是高姿態的，冷眼相待……！」

　　老沈再問：「你們夫妻事業也很有成就，她還對你老婆這般態度嗎？」阿得說：「以前老婆幾番都被她當空氣，視而不問，現在碰面更是盛氣凌人，幾乎毫不把堂姐看在眼裡！連看都不看一眼！」

　　阿得學相十來年，已是相學方家，他說：「老師，我多年前就向老婆說，按她堂妹先生的相理推論，她的好日子只能來到38歲，38歲後大概就沒局了。」

　　我問阿得：「啊！你是怎麼看論的？」阿得說：「她先生印堂有道傷痕，從印堂直割劃到年壽；又，她的額頭高，眉毛稀疏，膚色白晰，眼睛銳利，如似睜露；先生大她3歲，所以先生來到41歲之年，婚姻已起了勃谿，先生事業也遇上了亂流；火行人的她，當火之光燄不在，家運就如流星劃夜……！」

　　論得好！阿得的推斷有據，且立論成立，這時老沈隨手出了道題目考考他：「她家兒女眼神與額頭，有特別符號嗎？」阿得說：「堂妹的敗相，已全數浮在她家二個小孩的眼睛與額頭上。」

　　面相真玄妙！從一個點，連成線，再從線圈成面，點、線、面符號俱全，就能準確的推斷出流年休咎，還真準確無疑！

就相論相，阿得曾對老婆說，38歲後的堂妹，春秋夢斷不在。結果是，一語成讖，他說：「堂妹上個月已將瑪莎拉蒂的車子給賣了，換了一部三菱中古小車，夫妻已見不睦，正在鬧婚變中……！」

長期與老沈泡茶的阿得，為了學習面相，曾經看壞三台光碟播放機，現在已經出師了，他獨自看相的功力果然不俗，不愧是老沈一手培訓出來的優秀門生！

茶敘中，老沈給阿得這則故事的提點是：「火行人，內五行在『禮』，如果火行人，禮節不修，沒大沒小，目中無人，必是十驕九敗！」

這時，阿得感性的說：「個性就是命，我老婆已在擔心，那二個未成年的小孩，未來該怎麼辦！」

驕者必敗，傲者必衰！再一次活生生的，看著人們在上演著！老沈寫一則故事，增添一分人生的感想，他山之石可以攻錯！此刻，我們豈能不引以為鑒？！

故事精彩嗎？為什麼阿得的老婆，已開始擔心起「瑪莎拉蒂小姐」的未來？老沈且暫時賣個關子，改天再詳表她們一家子的相理分析，大家請稍安勿躁，就待下回分曉好嗎？

第149篇
瑪莎拉蒂小姐的故事（2/3）！

妳的心寬廣了，妳的一切都是寬廣，妳的路也會寬廣，妳的世界也會變得更大！這是一帖命運的良方！

承上篇故事，火行人的「瑪莎拉蒂小姐」流年38歲，人生走入了困境。她由「瑪莎拉蒂小姐」瞬間打回到「三菱中古小姐」，這中間

的轉折質變原因，到底問題是出在哪裡？

　　如果，按她的堂姐夫阿得所說：「她是火行人，額頭寬廣，有著天庭骨，是發貴在年輕，但兩眉疏淡，鼻樑見節，又有一雙極為銳利的雙眼，膚色白晰，可憫的是，她的眼睛長在頭頂上……！」

　　這裡，我們可以從阿得對「瑪莎拉蒂小姐」長相的描述，去探究她困敗的原因，老沈且先歸納如下五點：

一、眉疏不積財。火行人的她，額頭有奇骨，都屬於年輕早發之相，但眉毛稀疏，理財無方，以致財來財去；又，眉主兄弟宮，也稱朋友宮，眉毛稀疏者，對手足乏情，對朋友乏義，所以當她落難後，沒有人會出手搭救。

二、火行人膚色宜潤紅，不宜偏白，如果皮膚偏白，是為火爍金毀；火爍金毀相局者，有著放縱妄貪的性格，雖能富貴但是風險亦高，成敗一線間，多成也多敗，驚險多多。

三、通常火行人的眼睛要明亮且銳利，但不宜銳利到睜露。火行人的眼睛如果特別銳利，幾達睜露之眼相，是為火氣貫睛，亦稱之「眼帶殺」。眼帶殺者，流年37、38歲剋在男女婚情，同時也剋在事業與財帛，宜特別注意風險管控。

四、就內五行來說，火行人內五行在乎「禮」字，從「瑪莎拉蒂小姐」看不起親叔叔，瞧不起堂姐，就是不受約制的失禮行為，她禮節不修，目中無人，是為內五行反悖了外五行，所以她早成，中敗，晚孤，皆因個性使然，同時，也驗證「十驕九敗」的自古明訓。

五、「瑪莎拉蒂小姐」年壽見節，該鼻樑年壽見節，面相稱它為「反吟」，反吟者，流年44、45歲首當其衝，沖剋著夫運，也沖剋在家道運。如果說，「瑪莎拉蒂小姐」37、38歲工作財運遇阻，這只算是第一道狂風，流年44、45歲之齡，恐還得要面對更大的暴雨。

以上是本則故事中，對「瑪莎拉蒂小姐」成敗曲線的分析。

「瑪莎拉蒂小姐」的故事還未了；她未來的命運走向會是如何？老沈再次賣個關子，容下篇故事用外襲法，針對她先生印堂鼻樑傷痕，與她一對子女額頭與眉眼的長相，細心解剖分析，再作大膽的歸納臆斷！

性格決定命運，妳的心寬廣了，妳的一切面向都是寬廣，妳的路也會寬廣，妳的世界也會變得更廣大！

可惜，這位「瑪莎拉蒂小姐」根本聽不到，也看不到這一帖解開厄運的妙方！

第150篇
瑪莎拉蒂小姐的故事（3/3）！

面相學是現代兵法，套句交通部長前天說的話：「聰明的人要會趨吉避凶！」

今晚，老沈趁著心臟沒作亂抗議下，繼續以外襲法，談談「瑪莎拉蒂小姐」生命曲線的落點歸納與分析。

如果，各位不健忘，在上上篇的故事裡，老沈門生阿得說：「她先生印堂有道傷痕，從印堂直割劃到年壽。」阿得又說：「堂妹的敗相，已全數浮在她家二個小孩的眼睛與額頭上。」

面相可以從父母、配偶、小孩、兄弟姐妹的長相，去推論出自己過去、現在與未來的休咎吉凶。過去這套論相技巧，只散見在一般相書，並沒有面相學者做出系統性的歸納與分析。

老沈斗膽，不揣窘陋，也不賣關子，現在就以「瑪莎拉蒂小姐」的先生與小孩相理，用外襲法（註：推論與反推論法）來探究，何以38歲的「瑪莎拉蒂小姐」一夕間，變成「三菱中古小姐」的她，由旺

運走入衰運？這中間的緣故，除了自己的個性使然，其中有很大的因素，是來自於先生的印堂與鼻樑受傷，以及二個子女的眉眼與額頭相理，這就是所謂的「外襲效應」。

首先來分析，「瑪莎拉蒂小姐」先生印堂與鼻樑的那道疤痕。

按相書說：「印堂與鼻子，是為配偶座。」因此，不論男女，只要當陽的印堂與鼻子相理破陷，必會剋傷到配偶的大運。

「瑪莎拉蒂小姐」先生臉上的那道疤痕，從印堂直劃到鼻樑，今年流年進入41歲，除了自我刑剋，當然還會傷剋到老婆的事業運。夫妻差三歲，所以，「瑪莎拉蒂小姐」38歲從興旺瞬間墮入困境，幾乎是冥冥之中的定數。

又，「瑪莎拉蒂小姐」鼻樑見節，流年來到44、45歲，她與先生的事業與家運，會遇上更大的暴風雨，這場暴風雨會掃到，原本已經不和睦的夫妻情感。

相書指出：眉毛見白夫必憎，眼帶殺必傷婚情，鼻樑反吟剋傷在夫。檢視「瑪莎拉蒂小姐」的相理，這三項俱在，因此，他們夫妻的事業與婚情，就在這三、五年內，恐怕要畫上句點。

其次，以反推論方式，從兩個子女的額頭、眉毛、眼睛相理，來探索「瑪莎拉蒂小姐」家的大運與婚情。

小孩的額頭象天，象父母中年運。她兩個年幼約8歲與6歲的子女，額頭相理不佳，女兒額頭偏窄，髮際線不平整，兒子額頭受傷。因此，這無非提早預告著，「瑪莎拉蒂小姐」的家運，正在大幅滑落中，婚姻、事業、健康皆受影響，包括夫妻離異、事業挫敗、健康亮紅燈等。

再從她子女的眉眼相理來看，子女的眉毛何以會稀疏散亂，原因歸咎於，父親酗酒成性，情緒暴躁，所以子女兩人的眉相，長得極為不及格。試問，先生酗酒成性，脾氣不穩定，遇上火行形的「瑪莎拉蒂小姐」，夫妻倆不吵架，那才奇怪呢！不是嗎？

問題來了！請問，夫妻經常吵吵鬧鬧，誰會是直接的受害者？答

案很簡單，小孩就是受害者。因為小孩在極端不和樂的家庭環境下，眼神除了暗濁，還會睜露。

眼睛會說話，眼睛所說的話，是世界共通的語言。按門生阿得傳來兩個幼子的照片，這兩個小孩的眼神露出了鹿駭的眼神。

眼神是媽媽給的禮物！面相實務告訴我們，小孩鹿駭眼神，是母親懷胎時極端情緒下造成的，同時也是夫妻失和下的產物。以外襲來說，從小孩的眼神，是可以推論出「瑪莎拉蒂小姐」年輕的成功，是偶然的，中年的失敗，則是必然的。

面相好好玩！如果從「瑪莎拉蒂小姐」先生與小孩的長相，可以精準的，演繹出她生命曲線圖，當然也可以再反推論到她的相關血親，如兄弟、姐妹、以及父母親的相理。

「瑪莎拉蒂小姐」的故事，就說到這兒，她的未來在哪裡？老沈不是上帝，也不是燈塔，所以沒義務也沒辦法給指點迷津。但，老沈學相過程中，謹記在心並奉行不踰「傲、癖、燥、急」相中大忌，這四個字！

「傲、癖、燥、急」相中大忌！哈！「聰明的人要會趨吉避凶！」您認為呢？

第151篇
直說怕會傷到「古點美女」的心！

人生的幸福，不應是強求來的，強求會是波濤洶湧，退一步反而是海闊天空，幸福滿滿！

人美命不美！故事女主角是老沈的同學，她是名門之後，秀外慧中，人美功課又好，所以也是學校校花！

六年前，她從美國返臺省親，幾位同學如迎迓媽祖一般的，機場接機從桃園、臺中、高雄、恆春，一路有人掃榻相迎，為其洗塵；雖說極富風光，但她心中不為人知的幾分憂愁，盡寫在臉上，不小心被老沈窺見！

　　在一個下午，應熱心同學之邀，同學們一起喝下午茶，話題不外是校園往事點滴，還有校花同學何以遠嫁美國的情節。談話中，校花嘆了一聲氣，隨之眼神一閃，眉頭一皺，不自覺的透露了當下婚情的困擾。

　　這時，老沈持半職業性的敏銳度，抓住剎那，細觀眼前這位校花同學的面相。發覺她，額頭特別寬闊，但不少雜細橫紋壓住了天庭；鼻子偏小，還有水星嘴巴薄小，形如櫻桃小口；言談對話中，她表情豐富，印堂不自主的皺眉，嘴巴時而切齒多變，她靜態與動態相理，毫無遮掩的，都被老沈看得一清二楚！

　　有趣！席間，有位男同學好奇的問說：「妳是校花，在學校追妳的男生很多，為什麼會遠嫁美國？」她回答：「說來話長，那年高中畢業進入核三廠工作，先生是美方派駐技術人員，其他女生不會英語對話，所以先生經常與我聊天，就譜出了異國婚姻。」

　　同學又問，先生怎沒隨行呢？這時只見校花長嘆一聲說：「我與先生分居多年，離婚協議還沒談妥，因為他不願意付贍養費！」這會兒大家一臉驚訝！此時，校花一臉無奈地說：「先生經常在國外工作，他喜歡捻花惹草，我幾次搭飛機去突襲檢查，結果弄得不歡而散，從此他已不再提供我生活費……。現在擔心的是，我的晚年不知如何作規劃。」

　　校花一吐心中塊壘後，另位好心的同學手指指向了老沈：「美女同學，全榮同學是面相行家，妳可以請教他面相喔！」

　　哪壺不開提哪壺！同學臨時派了工作給老沈，說真的，要在眾多人前為人看相，這是我的忌諱，其次，在眾人前看相，須要考慮到當事人的隱私，所以我先問校花說：「使得嗎？」她說：「無妨，還勞

同學指點迷津。」

　　我一開口直指：「問題出在同學個性太倔強了。」她問為什麼？我說：「額頭寬凸，鼻翼不開，這是典型妻管嚴的長相，換言之，妳對先生要求特多，毫無模糊地帶，所以妳流年41歲起，夫妻開始不睦。」她回應：「對！沈同學你說的對。」

　　她又問：「還有呢？」我回答：「同學說話時，喜歡皺著眉頭，這個動作會把夫運給皺掉，所以先生從事技術工程師後，再也沒陞遷過，對嗎？」她嗯的一聲，默認了！

　　嘆！她先生事業阻礙不前，豈止是皺眉頭給的外襲，另個重點在於，校花的鼻子不高、不厚、不隆起，又額頭細紋特多，這才是妨夫的根結呢！但，老沈不能言明，也不方便直說，怕會傷到眼前這位「古點美女」的心！

　　再來，我為她分析下停相理說：「同學，我記得妳以前在學校擔任司儀時，聲音平緩飄遠，特別好聽，現在講起話來，怎麼是湍急嘶啞，音質沙沙的感覺呢？」她苦笑的回說：「架吵多了吧！」

　　我說：「不完全是。」她問：「為什麼？」我直說：「妳有婦科暗疾，氣虛體弱，所以說起話來氣不順，尾聲便出現沙啞之音。」她一臉驚奇的問：「你是怎麼知道？」

　　怎麼知道？答案很簡單：「女生額頭橫細紋多，一副黃臉氣色，主婦科暗疾多，是因產後沒有藥食調理，氣虛體弱，因此，聲音不是發自丹田，而是用肺部出聲，當然氣短聲啞。」她說正確，在美國沒有作月子的習俗。

　　老沈話未說盡，另一位同學說：「同學，那你看她的晚年呢？」論晚年，在嘴巴與聲音，還有地閣下巴。

　　我說：「嘴巴偏小，說話聲啞，語速急快，晚運56歲至64歲不佳……。」校花一聽，又哇了一聲說：「太玄奇了，我56歲後先生不給生活費，工作就一直不順。那，我該怎麼辦？」

　　「我該怎麼辦？」這才是論相的重點。居於國高中六年同窗情

誼，老沈給了她幾點建言：

一、夫妻相處，爭強贏一時，心寬贏一世。

二、別當女強人，凡是女強人的，最後失落的就是自己。

三、說話別皺眉頭，皺眉頭的女生，不是怨婦，就是棄婦或氣
　　婦，這得靠自己去改變。

四、晚運要好，說話不宜急躁，更不能咬牙切齒，這習性不改，
　　代表妳的心煩躁不平靜，心不平靜，好運絕不會跟隨著妳。

五、幸福如一把沙，強抓著它，最容易流失，半緊半鬆，反而能
　　夠擁有更多的幸福……！

　　老沈話語剛落，幾個同學異口同聲說：「全榮，你這個王祿仔可以開館了……！」我開玩笑的說：「誰來幫我掛牌？」哇！校花笑了，她開懷大笑的回應：「我幫沈同學送硯掛匾！」我說：「愛我就別害我啦！」頓時，幾個同學好似回到了三、四十年前校園的歡樂聲中！

　　幸福是心中的一顆種子，要懂得灌溉，要懂得耕耘，才能既開花又結果！誠祝校花同學，改變成真，再見春天！

第152篇
人，往往在貪慾中失去幸福與健康！

　　幸福沒有標準答案，惟一旦失去健康，就沒有幸福的入場券！

　　又，當因失去健康而失去生命，你連說聲「後悔」都會來不及了！

　　這是篇健康的故事，男主角是老沈好友的三哥。半年前的春節後，事業飛黃騰達的三哥，返鄉祭祖，並陪同台北的朋友，暢遊恆春

半島，那晚，下榻在佳樂水風景區一家民宿，就在這一晚，三哥竟一覺不起，驟然辭世，死因是心肌梗塞。慟！

慟！三哥辭世後那幾天，做為業餘面相研究的我，直向好友追問求證：「三哥臉上是否有：印堂直紋、山根橫紋、耳朵皺折紋，還有耳垂浮現青筋？」

好友說：「這些臉上符號，我哥好像都有！」我追問：「你有他的近照嗎？」好友從手機搜尋後，找出幾張他三哥的大頭照。

賓果！印堂直紋、山根橫紋、耳朵皺褶紋，還有耳垂浮現青筋，全都命中。

好友問：「為什麼心肌梗塞，臉上會出現這些符號？」站在朋友的立場，我給了詳細分析，今晚並寫出重點，與大家分享如下：

一、印堂左有懸針直紋（偏左者多），是心臟血管堵塞的外徵，反射在生理的感覺，則是左肩膏肓骨會異常酸痛（膏肓在兩側肩胛骨之間）。

二、山根是心臟的對穴部位，凡是心臟提早弱化或心律不整者，山根除了偏低、偏窄外，山根還會出現一至三條不等的橫紋。紋路越深、病症越沉。

三、耳朵是血管的最末梢，當我們血液供給不到耳垂，代表已身血管已經阻塞硬化中，所以耳朵出現皺褶斜紋，這是心血管病變透過耳朵發出的警訊。

四、以耳相看論心肌梗塞或中風，重中之重者，在於耳垂暴出青筋。當心血管疾病附帶有高血壓者，耳垂會出現如蚯蚓狀的青筋或赤筋，心肌梗塞的前兆，胸口會悶，會盜汗；至於中風者，則是舌頭會麻會歪一邊。

五、附加說明的是，心臟裝過支架的人，耳垂不平整，通常是呈波浪形狀，支架數越多，耳垂波浪越是明顯。

面相的存在價值，在於健康上能提供早知道，心血管疾病如是，其它病症也會在臉上出現蛛絲馬跡，只要自己懂得這套學問，可以助

人，也能救己。

當我為好友解釋，三哥心肌驟然逝世的相理分析後，好友突然反問：「老沈，那你看我呢？」老沈正經的給回答：「你心臟狀態，早已寫在你的臉上，且已裝過支架，對否？」這會兒，好友一聽愣住了，他說：「佩服！我已是裝了第三根支架！」

好友問：「你是怎麼看的？」我回答：「你有明顯的印堂直紋、耳垂不平整，耳珠出現青筋，這便是心臟已裝支架的表徵。」他，經我的說明後，直說：「面相真的太奇妙了！」

面相是中醫望診的一環，以面相望診健康，中醫運用在看病治病，面相則是運用在福、禍、吉、凶的臆斷！

可惜！面相這門學問，長期大家被忽略，或被邪惡術士做為斂財的工具，殊為遺憾！

好啦！站在相學業餘研究者的良知上，老沈負責把望診心血管的健康竅門，和盤托出，公諸於世，以利眾生，接下來就看各位看倌們的良能，除了學起來善加利用，也趕快把文章分享出去利益更多人吧！

第153篇
歹鼻查某嫁無好尪，這就是外襲效應！

所羅門王曾留下一句名言：「將你所得的一切，去換取一個瞭解。」瞭解這兩個字，第一是瞭解自己，第二是瞭解別人。

前天老沈應「台南堪輿文化學會」之邀，專題演講「面相外襲法之運用」開場白我說：「請問各位先進，你照了一輩子的鏡子，你瞭解自己了嗎？命運的符號，就藏在你的臉上，各位從鏡子中看得出來

嗎？」

　　有趣！前天剛演講完畢，昨天就收到門生傳來一張他人全家福的相片，門生是藉由相片要與老沈分享外襲法案例，今晚老沈就用故事箚記這個特殊的案例，並與大家分享！

　　故事男主人特殊的相理，在於眉毛細長呈三彎形狀，顴骨長斑，水星偏小，門牙外露，嘴巴呈吹火口形狀。

　　門生問：「我沒看過三彎的眉形，老師上課也沒提過，可以給予解說嗎？」我回答：「眉有兩彎是為臥蠶眉，主聰敏靈巧；眉呈三彎且細長，雖有才華，但工於心計，不會理財，投資必見失利；且因眉形多彎，口如吹火，主自利自我，缺乏誠信，所以沒有知心的朋友。」話語一落，電話那端傳來，門生先生與女兒喊出「準」的一聲。門生笑著說：「我先生跟女兒說，老師說的真準。」我問怎麼說，門生回說：「十多年前，我被他倒過債，迄今未還……。」

　　門生又問：「水星偏小，嘴形如吹火口，晚運不佳，對嗎？」我回答：「凡水星破陷者，56歲至64歲事業運塞促，會受衰運牽制九個年頭。」門生說：「這位男主人，十多年前赴新加坡發展，因為事業沒有特別成就，所以老婆經常喊窮。」

　　喊窮！我說：「他老婆痣壓眉尾，這是寅吃卯糧的眉相；還有，鼻子主夫運，他老婆龍宮長痣，鼻樑也有一顆痣，這兩顆痣就是老婆外襲先生的因子，所以先生的事業運當然會受到影響阻礙。」門生問：「他老婆鼻樑低陷，也是構成夫運不佳的外襲效應，對嗎？」我回答：「相書說：『歿鼻查某（女人）嫁無好尪』，這就是外襲效應。」

　　命運各自寫在他們夫妻臉上，更妙的，還寫在二個兒子的眼睛與額頭上。按外襲法的演繹，當夫妻中停失陷，主中年不旺，便可以推論到子女額頭受傷、美人尖或眼睛無神。

　　賓果！當把相片放大一看，他大兒子眼神失焦無神，二兒子額頭則是髮際線不平整。命運點線面，盡寫在這一家子人的臉上。這時，

我試著問：「看來這位年在50來歲的男主人，要翻身難也，除非老婆的聲音能夠柔、緩、潤、飄！」門生回說：「他老婆說起話來像打雷⋯⋯！」

完蛋了！女主人說話像打雷，看來這家人的功課，可要書包加背包，沉重了！

面相真的好好玩！但，相對這位男主人來說，如果知道己身命運的造作，大半取決於妻小給的外襲，他肯定要唱：「我問天！」

無奈！這家子的功課，只有靠他們自己解答，老沈也幫不上忙！

第154篇
這家人的功課可要書包加背包！

完蛋了！女主人說話像打雷，看來這家人的功課，可要書包加背包，沉重了！這家子的功課，只有靠他們自己去完答，老沈也幫不上忙！

上一篇的外襲故事，何以從門生傳來的一張全家福照片，就可以推論出這家人的功課沉重？今晚老沈就按他們的個別相理，提出說明與分析。

問功名在眉。就男主人來說，眉毛三彎細長不秀，功名難求，只因是自我自利，難能交得真心的至友；又，眉主理財，三彎眉形者，不善理財，是51歲前難積大財的眉相。

男主人，左顴長斑，意味45至48歲權柄喪失，事業會遇上風浪。再者，他嘴巴偏小，晚年56至64歲挨打，僅能守成，不宜躁進；說穿了就是不利事業發展，或者說，他根本就不是老闆的料子，所以，再怎麼打拼也未必會成功。

就相論相，他明顯露出兩顆門牙，嘴形如吹火，這種嘴形如吹火口者，言過其實，說的比唱的好聽，說的多做的少；簡單的說，只會唱高調，卻是沒有行動力，所以這位男主人一生沒有大成就、大作為，他的相理與事實對照下，倒也諸多契合。

再說女主人，眉尾稀疏，痣壓眉尾，除了理財無方，還會波及夫妻情感。另外，龍宮痣與鼻樑痣，又山根塌陷不起，在在驗證先生中年事業，波折連連，是為夫辛苦之中停劣相。

又，女主人聲音相不佳，說話聒噪如打雷，這是很嚴重的問題，這種聲相是典型的家道不興之劣下聲相。

再來，談他們家大兒子眼神失焦，兩眼無神。蓋眼神是媽媽給的禮物，小孩眼神失陷無神，示意著媽媽懷孕當下，情緒不穩定，抗壓力弱，當然也可以這麼說，是夫妻情感不蜜，傷及無辜的小孩，而反射在小孩的眼睛裡。可憐，子女眼神失陷，一陷就是三十年，當父母的你能不心痛嗎？

進一步探索，女主人說起話來如打雷，小孩更顯得沒有安全感，兒子的眼神怎會聚焦呢？所以，從解讀小孩的眼神，便能摸索出這家人命運多舛的軌跡，這是生理和心理相互影響的結果。

額頭主父母之健康、事業與婚情。如果，加入二兒子的髮際線作為觀相的參數，二兒子髮際線不平整，象徵會傷剋父母中年健康、事業、婚情等。

對應於男主人，他遠赴海外發展事業，卻鎩羽而歸；對應於女主人，她龍宮痣與鼻樑痣，在健康上是心律不整、腰酸背痛、婦科暗疾等。這與相書文獻做相互比對，若合符節。

以上是接續上一篇故事，對這一家人相理進一步的說明與分析，老沈用意在告訴大家，面相談的是有物有則，物則相應，所以，命運密碼不就藏在臉上乎！

故事結論是：無奈！這家子人的功課，只有靠他們自己去解答，老沈也幫不上忙，老天慈悲！我只能祝福這家人，能早日走出命運的

陰霾！

第155篇
氣色黯然無光，諸事不宜！

耳兩聽而不聰，目兩視而不明，心兩求而不遂！她分身乏術，累出了黯淡的氣色！

今晚面相故事，來談一則氣色與風險管理。

故事女主角是老沈十多年的朋友，六年前，為追求民宿時尚風潮，她遠從一百五十公里外的都會區，來到墾丁尋地，購得一塊三線農地，就舊農舍整理修葺，建設成為美侖美奐的庭院民宿。她築夢踏實，一頭熱的栽入觀光服務業。

那年的某天，老沈騎單車遊恆春半島，路過這位朋友的民宿，進門打招呼，友人熱情的泡壺好茶招待，並說：「沈老師，我最近忙翻了，都市鄉下兩頭跑，真的累得很……。」

我看著看她幾眼，心裡大喊不妙，因為這位友人的氣色，黯然無光，蓋，相云：「骨相主一生榮枯，氣色宰一時休咎。」氣色黯晦不亮，其實這氣色就是個前兆，預告著此刻當下，諸事不宜，宜靜不宜動，如躁動貪進，必見困境。

那時，直想告訴這位友人面相的真，但見她一頭熱，滿懷經營民宿的美夢，所以不敢給潑冷水。何況六年前，政府開放陸客來台觀光，一時間，恆春半島百業繁榮，民宿更是一床難求，所以原本要給老朋友提點的話，隨著香醇濃郁的好茶，就吞進肚子裡去！

老沈曾多回，應某頂尖大學管理學院「管理師顧問班」之邀請，

講授「以面相在企業之運用」，講授重點在面相徵才面面觀，與如何運用面相作風險管理，其中，當然少不了對氣色的介紹與應用。

何謂「氣色」？氣色是生心理運作的外表特徵；氣為色之母，色為氣之子，氣主先天的動機，隱藏於臉上表皮，色為後天的華表，而浮顯於臉上皮膚；氣色有一分的亮明，便有一分的昌吉；反之，氣色有一分黯晦，便有一分凶誨。故，氣色亮潤黃明，諸事皆宜，氣色黯然無光，諸事不宜。這是以氣色作風險管理，最基本的判讀法。

天不從人願！朋友民宿經營初期，生意還差強人意，但自從陸客不來後，門庭冷清；又，屋漏偏逢連夜雨，來個新冠肺炎疫情，半島觀光業，哀聲連連，這朋友怎又能不中槍應聲倒地呢！

就在幾天前，老沈騎著單車路過民宿，民宿人去樓空，庭院已失去原本翠綠的風貌，樹枯萎了，狗不見了，只剩幾隻木雕的呆頭鵝，目迎又目送著路過的老沈！

氣色宰一時之休咎？如果說陸客不來，是政策殺人，不如說朋友先前的黯晦氣色，早已透露了她民宿夢的敗象！

耳兩聽而不聰，目兩視而不明，心兩求而不遂！她，蠟燭兩頭燒，南北兩地跑，一心數用，身心疲憊，氣色怎麼會亮得起來呢！

還好，這位好友民宿瑪麗雅沒當成，已回到繁華的都市，此刻，她依然快樂的坐穩著醫師娘，也是醫師的娘的寶座呢！

第156篇
南台灣又多了一位面相高手！

　　面相指迷，是居於善意的第三者，幫求相者給的方向，請別把面相研究者，當成滿嘴跑馬的王祿仔……！

　　這則故事是位門生提供分享的案例，故事情節與面相相理，環環相扣，謝謝這位優秀門生，同意老沈用故事筆記。

　　門生跟隨老沈習相多年，相學入木三分，已具備獨自論相程度，她說：「二年前，有位女性朋友準備到馬來西亞吉隆坡展業，當時她特來請教我面相，問是否妥當？」我問：「妳怎麼給方向？」她說：「我直說不妥！」我問：「妳認為不妥的立論根據何在？」門生立即說出不妥的理由是：

一、她年約41歲，印堂雖開寬，但有著細雜紋，氣色赤雜不亮，以印堂氣色不亮，及印堂當陽細雜紋而論，這是損財的兆象。

二、海外展業是種投資，按老師所教，投資看遷移宮，遷移宮要以氣色為據，因她的遷移宮，氣色帶青，故不宜投資。

三、老師說過：眼睛是看相重中之重，眼有一分神，才有一分事業，眼有十分神，便有十分的事業，反之則否。她的眼睛濁黯，耗弱無神，相理不及格，影響婚情，還會波及事業。我建議她要養足精神，眼睛明亮神足後才可投資。

四、她37歲離婚，離婚的相就寫在眼睛，除了眼睛濁黯，耗弱無神，更嚴重的敗象是，眼睛神流波泛，飄來飄去。這才是我說她不宜投資最主要的依據。

　　吾生優秀！這幾點的分析句句到位，立論有據。

　　我問：「她聽得進去妳的建議嗎？」門生說：「如果她聽進去我的建議，就沒有這篇故事跟老師分享了，不是嗎？」哇！高手在民

間，南台灣又多了一位面相高手了！

老沈開懷的再問：「結局呢？」門生說：「她去了南洋，才去一年多，就鎩羽而歸。後來聽某友人說，她才不相信我的王祿仔嘴，賭氣硬要去展業，等成功回來要拆我的招牌。」

故事還未了，無知不識相，才是貧困的伊始。門生接著說：「她南洋展業失敗，阮囊羞澀，還故作名媛，盡用名牌打理行頭，結果是寅支卯糧到處借錢。」我問：「有向妳借貸嗎？」門生回：「曾開口過幾回，因學過面相，我深知，眼神飄浮不定者，乏情、乏財、乏信，所以沒借她，但是身邊有幾個朋友借了她，到現在還要不回來。」我笑著說：「妳真能學以致用！」

面相是門生命密碼之學，別老是把相者貶損是「滿嘴跑馬」的王祿仔！

第157篇
鼻翼一大一小好賭成性！

男重天庭，女重地閣，是面相經典不破的鐵則定律！

故事主角是為老鄰居，他年少誤入歧途，中年破祖敗業，晚年？只能享受孤獨！

鄰居，一家三兄弟，中年皆一敗塗地，其中一個還英年早逝，為什麼會出現這樣的結果？我腦海已浮現答案，各位想知道原因所在嗎？

今晚老沈再次以「面相外襲法」，為各位詳說分曉。

記憶中，這位鄰居的媽媽，中上停相理頗佳，以一技之長養家活口，又能買房地置產，在地方風光極了。可惜，美玉瑕疵，她的下巴

地閣骨，偏削狹窄，且又偏長。

按相書文獻記載，不論男女，下巴尖窄，晚年孤獨無依，子女舞台相對窄小，事業無成；又，地閣偏長，形如戽斗，除傷剋子女，會有白髮送黑髮之遺憾。

鄰居媽媽這樣的下巴，對應於三個兒子的現況，完全落在相書文獻記載的範圍內。

三兄弟其中一位，十多年前病歿，著實的應證白髮人送黑髮人的遺憾。

按老沈外襲法之推論與反推論，歸納類比，當父母下停破陷如地閣削長者，其子女中停必見破陷。因此，相對驗證於鄰居友人，他眼神如狼鼠之眼，神情顧盼，且鼻翼一大一小，眉尾淡疏不秀，所以，這位朋友憑著小聰明，盡做些投機行業。

眼神顧盼，傷情、損財、投機，這位鄰居樣樣都命中要害。他嗜賭如命，中年離了婚，還賣盡家產；一兄弟英年早逝，另一手足事業沒特別的亮點，除了鄰居媽媽下巴，早已給的徵兆外，何嘗不就隱藏在這位鄰居稀散的眉毛上！面相「有物有則，物則相應」，再次證明它的真！

千年田，五百主！按鄰居鼻翼一大一小，這是好賭成性十賭九輸之鼻相，因為他嗜賭如命，故流年48歲至50歲，賣盡家產，只為還那巨額的賭債，令人十分惋惜！

遺憾？不止多咎而罷休！這位朋友下巴不寬，兩頤懸壁凹陷，喜好爭辯，都一把年紀了，還爭勇好強，說他有正義感，不如說，無知才是貧困的根源。老沈真為這位鄰居的晚年堪憂！

面相好好玩！離婚、破祖、晚年孤獨，試問，按外襲法推論，他小孩額頭會是怎麼個相理？這回讓老沈當個觀眾如何！

命運？就寫在這一家人的臉上……。天祐下民，為何老天不慈悲？無奈！

第158篇
幫人看相是一份責任！

曾有朋友問老沈，你學了面相最大的收穫是什麼？我說：「我認識自己，也改變了自己；我因為懂得面相，在關鍵時刻裡，救回產難中老婆的一命！（註：見《面相故事》第一集第14篇）」

今晚，老沈還可自豪的說出：「幫了一位南洋的朋友看相，破解了他61歲大凶的關隘！」

故事就發生在這幾天，新加坡黃君，訂購了老沈十八組共五十四本面相書籍，同時，黃君來訊說：「老師，我有諮詢過命理師，明年2021年（虛歲61歲）的運氣，命理師說我明年是大凶之年。請問老師您能幫我看看面相提供指導嗎？在運氣和身體健康方面，要注意些什麼？」我說：「請上傳自己露額素顏照片數張。」

不多時，他傳來了一張素顏，與兩張耳朵照片。故事先擱下，這裡容老沈描繪一下，黃君的生命密碼吧！

一、髮際不高，額紋路不整齊，但兩眉秀麗，印堂特開，然印堂隱約出現一道懸針直紋。

二、山根偏低窄，人中平滿而長，又鼻準偏厚實，但左鼻翼長了顆沒顏色的痣，兩顴骨各有一道赤斑紋。

三、耳朵特貼，但耳長約三指幅，耳小無珠，耳垂有明顯皺褶紋，耳表還有幾顆棘粒。

四、法令如鐘，嘴呈四字，地閣十分飽滿寬圓。

黃君問的是：明年2021年（虛61歲）運氣是否是大凶之年，和身體健康方面，要注意些什麼？

老沈給的回覆是：「明年61歲問題在心臟健康。因為，兩耳垂皺褶斜紋明顯，且懸針紋當陽，山根低窄，人中平滿，61歲處當陽第三隘，故61歲這年需在意心臟疾病的風險。」並建議要尋醫就診處理。

黃君再問：「除了心臟的疾病。還有什麼要注意嗎？」我說：「泌尿膀胱功能偏弱，如夜尿；還有支氣管需加以保養，再者，顴骨出現斑痕，此刻不宜投資借貸，61歲宜守成和特別注意身體健康，尤其是心臟。祝平安健康，心想事成！」按老沈給的重點提醒當在心血管疾病，至於其他健康問題，就暫時不列入說明。

　　看相是一份責任！老沈還特別叮嚀黃君，別在冬天外出！

　　訊息對話裡，黃君稱謝外，還補問了句：「老師對不起，忘了問您潤金是多少？謝謝！」黃君善良啊！老沈笑著回：「不用錢，我幫人看相從不收費，請斟酌能力，捐善款給弱勢團體即可！」

　　開獎了！就在今天下午，黃君傳來一則，壞消息中的好消息，說：「老師午安，我作了心臟檢查，有3條血管阻塞，要做繞道手術。」

　　千今難買早知道！黃君幸運吉祥，老沈為他高興，至少61歲這個凶卡，已化了大半，至於繞道手術雖是開大刀，但以黃君下停相理，以及當今的醫術來說，當能逢凶化吉！

　　在此，特別感謝黃君願意讓老沈寫出這則故事；今晚收筆前，容老沈一個不請之求，請大家共同祝福黃君，身體健康，平安順利！

　　相術是老祖先智慧的結晶，善用面相之學，利己也利人，老沈還真樂在其中！

第159篇
未來才是考驗的開始！

　　如果人生是一條道路，請問，你看得到盡頭嗎？眼前平坦的道路好走，未來的道路才是考驗的開始！

　　一年前，受好友請求，預約幫他女兒看相，時間都撥出來了，結果因故取消，老沈落得清閒了得！

　　但！就在二個月前，好友夫婦帶著女兒與快婿，南下恆春半島渡假，老沈就被應召了，被應召去當命理諮商的「半仙」！

　　故事主角是好友女兒，名高校畢業的她，人生前半段道路順暢無阻，但37、38歲遇上人生道路的轉折，因父親與老沈的交情匪淺，故39歲求助於我這個「半仙」，希望老沈給她一個方向！

　　其實，人生的命運就是一條道路，道路就寫在臉上，她外表秀麗亮眼，但詳端相理，老沈只能說，她年輕的道路平坦，中年的道路，不僅要面對千百個坑洞，如果不小心還會摔進坑洞裡……。所以，這次的觀相，老沈定位是「路平專案」！

　　吾愛吾友，吾更愛面相的真理！何以友人千金，中年要面對橫逆的道路，老沈當然要對好友夫婦及女兒、女婿，說清楚，講明白。

　　她的額頭亮麗，有顆如球般的天庭骨，這額頭相理說明著，自她出生後，家道貴旺不已。事實驗證，好友是南臺灣某大學名師，她是社會菁英，職場順暢，讓人稱羨。

　　她，人生並沒有輸在起跑點，但她中停的相理多部位失陷，所以，她中年要面對坎坷的道路。何以見得？老沈持的立論根據如下：

　　一、眼睛左眼大右眼小，這是媽媽懷孕時心裡壓抑造成的，凡眼
　　　　睛大小眼者，最大的影響層面在人身安全，流年明九暗九尤
　　　　甚；其次就是婚情層面，還有工作的更異。

二、眉毛揚上，但過於黑濃。眉揚雖是好的眉形，但在個性則是陽剛不易妥協。至於，女生眉毛黑濃，它就是「妻管嚴」的表徵。

三、人生中年的道路在鼻子，鼻順路順，鼻曲路曲。她，鼻子高挺而寬，鼻翼不張，美中不足的瑕疵是，鼻樑歪曲且見節。

四、人中是百穴總匯，人中溝沈宜深、寬、長、正，可惜，眼前這位美女人中偏淺、偏短，笑起來還露出了牙齦。

得了！光憑上列這些相理，就足以勾勒出流年41歲至51歲的她，中年的道路肯定要面對千瘡百孔的坑坑洞洞。

面相好好玩！但當我指出她未來的道路，不平又崎嶇時，一點也不好玩！

她問：「怎麼辦？」好友也問：「沈兄，那怎麼辦？」，只有她先生一臉無助巴望著老沈，卻說不出：「怎麼辦？」

看相，與其說是指點迷津的半仙，也可以是心理諮商師。半仙是未待對方開口，就能輕易點出她的問題所在，如健康、個性，或者說，已發生、正在發生、未來可能發生的好事與壞事；至於，諮商師則是要對方開口，和盤說出心裡的話，才能給對方提出方向，如果對方不說出心事，諮商師就無法出點子。

怎麼辦？路平專案來了！老沈針對他們的問題，這回充當諮商師，也充當路平工程師，給了他們幾點方向如下：

一、女生宜柔宜和惠，才能抓住先生的心，所以，改變個性才能穩住妳們的婚情。同時建議，頭髮宜瀏海，先生日子才會過得自在。

二、鼻樑歪曲，人中平淺，這是健康問題，代表脊椎側彎，也意味血液循環不好，所以會經常腰酸背痛。健康問題要找醫師治療，要靠自己調養，注意飲食運動與生活規律，別人幫不上忙。

三、眼睛大小眼容易出意外，出外得先顧好己身安全，不可從事

冒險活動，車開慢點生命就有保障，除了流年歲數明九與暗九要注意外，流年45、51歲更需在意，因為45歲流年在鼻樑壽上，它是暗九，鼻樑見節就是生命的密碼；51歲入人中流年運，人中平滿露出牙齦，年入51歲就是三關四隘的第二個隘口。

四、妳與先生的事業，只能是授薪工作，不宜創業；只宜守成，不宜投資。因為，老婆鼻相不佳，先生中年事業慘不忍睹的案例，老沈看多了，妳不會是除外的幸運者！

五、我說：大教授，女兒的命運局部操控在你的下停，你心情愉快，話少一點，你的水波紋才會消失，當水波紋不見了，子女中年的道路，才會是平的。

六、請把妳的女兒照顧好，別讓她額頭受傷了，她額頭不受傷，妳夫妻的路就是平的，倘若受傷留下疤痕，建議自己再草擬個「路平B計劃」吧！

那天，這對高學歷的年輕夫婦，不費分金，已知道下半段人生的道路不好走，看相完了，她一家人除了道謝，還是道謝！

路，是自己走出來的，人生的道路不就是逢山開路，遇水搭橋嗎？

切記！聰明的人要為自己留出一條退路！願與好友千金共勉！

第160篇
部屬添堵的事情終於發生了！

紋路會隨著年齡增長而生，但也會隨著健康或心情而變化，魚尾紋就是其中例子！

今天來談一則紋路變化的的故事。

故事主角是老沈好友，他是我們這一群好友的精神領袖，經營一家頗具規模的企業，因事業有成，在老沈的呼喚下回到故鄉隱居，隱居寓所名謂「白宮」，所以我們都稱他為白宮主人。

老沈是白宮的常客，猶記半年多前，白宮主人又盛情邀約，老沈進了白宮又一次享受了一頓豐盛的晚宴，白宮主人深諳老沈雅痞，餐後他總會來了一瓶好酒，一泡好茶，天南地北的聊了起來……！

聊著聊著，白宮主人突然的問起：「沈大師，你看我的相，最近還需要注意什麼？」

哈哈哈！這些年來，幾番給的提點，從他的心臟疾病問題，到膽囊發炎病徵，句句不幸而言中，所以老朋友會三不五時的求相，以防患未然兮！

不問不說，有問必答。這回白宮主人突來一問，我立馬回說：「你法令紋寬又長，但法令紋延伸至地閣兩側，出現了如K字的紋路。」一旁的女主人問：「這K字紋路要作何解讀？」我說：「地閣為奴僕宮，地閣兩側法令紋出現不規則雜紋，意味著下屬會給添亂添堵。」

白宮主人又問：「這紋路以前有嗎？我怎麼沒發現？」我回答：「臉上的斑痕痣痘紋，有的是固定的，有些如斑痘紋或氣色，會隨心情變化而變化，當紋路莫名的出現變化，這就是徵兆，它是在透露可能發生，或是即將發生的休與咎。」

白宮主人說：「我公司有經理人掌事，正常運作中，目前部屬沒出亂子……。」老沈只微笑的說：「希望我錯觀了……。」

我不是烏鴉，但預測他部屬會添堵的事情，終於發生了。

話說，白宮主人自三年前退休後，並未再專心公司管理，也許是這樣，所以公司管理的螺絲鬆動了，就在四個月前公司出了大紕漏，這紕漏嚴重到要被停業裁罰，檢討問題所在，當然是幾個主要幹部，一連串的疏失給帶來的亂子。

這會兒，白宮主人著急了，四處奔走營救，同時，他再次問我這個白宮食客，可否安然過關？

面相看論，有一說一，都是依臉上符號解讀。因此，我給的回答是，按白宮主人地閣骨開闊朝上，且當下印堂與額頭氣色黃明潤亮，所以可以安然過關，並依舊在半島過著幸福快樂的退休日子！

果真過關了，就在幾天前，他傳來了好消息，經好友奔走幫忙下，公司危機已解除，因此，二對六旬老翁老婆相約在海邊，喝起咖啡一起慶祝。這時，老沈再特意觀察了老朋友下巴的K字紋，說也奇妙，竟然消失了！

面相是中國古神祕文化的一支旁系，但在廿一世紀的今天，它依然可以應用存在我們的生活上；相術與其說荒誕怪異，不如說它是一門被忽略的兵法！

最後，得謝謝白宮主人，賜我吃，賜我喝，還賜老沈寫出這篇故事！

第161篇
額頭高寬凸的女生個性強悍！

看相？看相者無不以健康、個性、智慧，分析並歸納出吉凶福禍。至於被相者，很多人都喜歡聽好話，好像只要觀相者說出她的好，就能免除她背後存在的不好事咎。

今天來說一則「啞相」的故事，老沈把故事定名「啞相」，是因為捐米義相者是位女生，她只傳送一張大頭照片，在老沈臉書幫她看論的過程中，她不發一語，絲毫沒任何互動與回應，就了結了這次的捐米義相。故，這回的看相，老沈好像對著啞巴看相一般樣！所以稱

為「啞相」！

人美命不美！這位年約三十來歲的美女，整體相貌很美，可惜她個別的相理，並不是完美無瑕，那天，她要問的是，情感、事業與壽命，老沈一一回應，同時，提出休咎論斷與建議。

以下是老沈幫她看相的重點，特別臚列說明如下：

她額頭特別高寬凸，日月角骨大過眼睛的寬度；女生額頭特別寬大，這是父女缺乏親情的額相，主父女無緣，傷剋父母。

就婚情來說，女生額頭骨過高過寬，直覺、記憶、反應特好，對先生行為瞭如指掌，先生在老婆的眼前，毫無隱私權可言，因此，我們稱它為「照夫鏡」。又，額頭高寬凸的女生，個性強悍，意識自我，對先生硬是缺乏一股女性應有的溫柔，所以她的額相，是婚姻的殺手，想要維持婚情，只有退讓，否則會是輸家。

按，這位小姐的額相，她頗具內在才華，反應特別靈敏，因此，職場上很受頂頭上司的青睞，年輕26歲起，職場應該有一番大作為。

她顴骨骨大橫張，主處事明快，能獨當一面，是中年掌權的女強人相理；雖說，她年輕26歲起會有一番作為，但老沈給的建議是，她只適合當主管、幕僚，或從事業務工作，惟不宜獨自創業，創業必損。原因是，她的眉毛稀疏且淡，眼睛圓大，眼波成雙，且帶著秋愁的眼神。相說：眉疏不聚財，損友多，益友少；又說：眼有一分神，才有一分的事業，她眼神帶愁，不宜創業當家。從眉眼齊觀，這樣的眉眼相，不利事業的拓展，中年當然還得保守為上策。

相說：眉淡眉疏，駕馭丈夫無術無方，眉尾見白夫必憎。加以她的神愁不樂，老沈對她大膽的做出推論，她的婚姻已亮出紅燈，此時，保住婚姻要比開創事業來得重要。

再者，她問壽命，看論壽命得要看十二個部位方向，按她的傳來的照片，我只能能說，她鼻樑桿高寬長正，這是生命力特旺之表徵外，其它，如眉毛是保壽官，因眉尾稀淡，她千萬別生病，一生病就是一病不起，或一命嗚呼哀哉！又，眼窩略顯微凹陷，眼窩凹陷者，

內分泌不足，是促壽之眼相；其次，腳足是第二個心臟，法令主腳勁，法令紋不明顯的她，流年入56歲腳足會先退化，腳足一旦退化，心臟病就會報到。還有，耳朵是腎臟的外徵，也是壽徵重要看論點，但她的照片並未露出耳朵，因此，就問壽命乙事，老沈只能據實回覆說，除非耳垂長到嘴角，氣色常保黃明潤亮，否則不會享有耄耋之齡。

說來好笑，老沈眼疾不輕，但看論他人面相時，卻要鉅細靡遺，詳端不漏，因為深怕錯觀，衍生錯論，如果錯論，那就是一筆無形的業障。

這回的看相，有無錯觀，老沈不得而知，但事隔一年，這位愁美人終於來訊說：「沈老師，我可以專程拜訪您嗎？……！」有無錯觀，這也許就是答案！

拜訪？老沈敬謝不敏，因為，我只想當個閒雲野鶴，一杯咖啡，一只平板，逍遙在雲端中！

第162篇
一位暗夜哭泣的偉大母親！

杭州城隍廟有幅對聯：
夫婦本是前緣，善緣、惡緣、無緣不合；
兒女原是宿債，欠債、還債、有債方來。

看相說故事，來談談一則去年捐米義相的案例。
故事女主角年43歲，她五官端正，一臉清秀，稱得上是美女一個，她要問的是情感。

以面相看論情感，按相書說的部位，不外就是眼尾那四平方公分的奸門，頂多再加上眼睛與鼻子。但就老沈實務經驗來說，看論情感，重點要擺在「神祕十字帶」，這十字帶的範圍是，以三指幅從天庭直劃到嘴巴，在眉、眼尾從右邊橫劃到左邊，直橫就構成一個「愛情十字帶區」。

她，天庭有顆小黑痣，眉尾稀疏，左右眼尾各有顆黑痣，眼神隱藏著一股憂鬱，眼袋黧暗，鼻樑雖高起，但鼻準稍顯尖窄，且鼻子年上左邊有著痘痕，右邊也出現兩條斜紋；至於顴骨，隱約有道青氣色直竄奸門。

至於，美女的先生是個英俊小生，然而相理並不是特好，除了眉毛稀疏，還存在兩個特別的符號，一是右眉頭一顆大大的痣，壓到了上眼窩；二是眉毛尾端散亂；鼻子不大，嘴巴水星小得如櫻桃一樣。還有，左奸門因車禍，留下幾道明顯疤痕。

看完她夫妻照片，老沈直說：「凌小姐，妳的婚情當下已亮出大紅燈，且妳是無辜的受害者。」她問：「您是怎麼看的。」我回答：「女生眼神憂鬱，眼袋青暗，顴骨與奸門有著青氣色，這些符號我的解讀是，夫妻情感起了勃谿。」

一語中的！她說：「先生外遇，這一兩個星期日思夜夢，拿不定主意，不知這段夫妻情感要如何走下去，所以才來向沈老師問相。」我說：「夫妻婚情出問題，雙方都有責任，從妳照片看得到的，妳本身有兩點責任。」她驚訝的問：「我有哪兩點責任？」

面相的好玩，符號隱藏著不為人知的密碼。老沈要指出的是，凌小姐左右眼尾，各長了一顆黑痣，這兩顆痣是為桃花痣，女生右邊為主動，左邊為被動，桃花流年以35歲至40歲為甚。我問：「凌小姐對嗎？」她回：「那幾年，確實有很多異性的愛慕者，先生為此還跟蹤我好幾回。」

我再指出：「妳鼻子高挺，鼻翼偏窄，膚色皙白，這是潔癖的相，所以，妳對先生生活上的小細節要求特高，先生稍有不合妳意，

妳會得理不饒人，因此夫妻逐漸失和情如冰炭，對嗎？」她說：「我們是有存在這方面的問題。」

凌小姐嘆了口氣問：「為了小孩，我不想失去這段婚姻，請問，我能維持住它嗎？」

問的好，我問：「妳小孩額頭有髮尖？」她回：「兒子有明顯髮尖，請問，這髮尖與我的婚姻有關係嗎？」我說：「當然有關係，兒女的髮尖是妳們夫妻婚情、事業、健康的指標，提示著兒子年入15歲至28歲，妳夫妻倆要面對這三項關卡的考驗。如果兒子膚色白且額頭寬凸，婚情穩住的機會就高，反之則否。」

另外，我說：「妳的鼻樑高挺，但年壽有痘痕與斜紋，流年44、45歲會傷剋到情感，先生事業還會遇阻，我僅能站在不相關的善意第三者，說出面相的真相。至於，要如何面對與改變，解鈴人還需繫鈴人。」凌小姐若有所悟回說：「我知道要怎麼做了，我願意原諒先生……，謝謝沈老師！」

我願意原諒先生！她是偉大的女性，她受盡了委屈，還要退讓求全，只因為她要給孩子一個正常的家！慈暉浩大，這回義相，讓老沈看見了一位暗夜哭泣的偉大母親！

夫婦本是前緣、善緣、惡緣、無緣不合；兒女原是宿債、欠債、還債、有債方來！誰能悟出箇中道理，誰就能活出生命的色彩！感慨……！

第163篇
老天為凌小姐開了一扇窗子！

　　我願意原諒先生！她是位偉大的女性，她受盡了委屈，還要退讓求全，只因為她要給孩子一個正常的家！

　　續上篇故事，凌小姐委屈了自己，只為給小孩一個正常的家。從面相來看，額頭天庭痣者，都半是為夫辛勞，為家庭扛大任的偉大女性。凌小姐她要扛家庭的擔子，就是額頭痣給的人生功課，這功課只能由自己解答，旁觀者如老沈，或第三者都幫不上忙。

　　為何凌小姐要代扛起家庭的責任？這還得從她帥帥的先生面相說起。

　　她先生眉毛不聚，右眉頭一顆大痣，與眉頭擦邊而過，落在眉毛與眼頭中間，雖然這顆痣並非當陽眼頭龍宮痣，但痣在眉下眼上，就是屬於傷剋情感的惡痣；又，她先生眉尾、眼尾奸門，因摔傷留下幾道黑色痕跡，這些痕紋就是夫妻嫌隙的元凶。

　　所以，就男女愛情十字帶區來說，老婆左右奸門痣，眉尾疏淡，眼睛神愁，額頭天庭痣，鼻樑痘疤痕，都是傷害婚姻的因子，加以先生眉眼橫帶區的幾點破陷，倒也應證俗語：「無冤無仇，未結歸球！」這句話。

　　所謂，眉疏不聚財。她夫妻眉相，堪差人意，都是眉毛不過目，眉尾疏且不聚，所以因而不會理財，不會拒絕，故幾番手足借貸，或朋友周轉，每回借貸或周轉，就是呆帳，受薪階層的夫妻，那堪這邊借，那邊倒，於焉理財失利為因；至於貧困夫妻百事哀，夫婦為錢失和就是果。老沈只能告訴凌小姐，眉毛相理不好，眼神憂愁乏神，最好別借貸或投資，否則會是肉包子打狗，一去不回！

　　承上篇說過，凌小姐鼻樑痘痕，又有斜紋與小痣，按相書指出，女生鼻子為配偶座，凌小姐鼻子這些違章建築，無形中會帶給先生工

作上的壓力與瓶頸，又先生嘴巴偏小不大，這在在顯示她會為夫辛勞。

老天慈悲！還好，老天為凌小姐開了一扇窗子，凌小姐的印堂寬敞，鼻子高挺，法令寬秀，下巴地閣骨開朝，聲音飄潤佳好，因此，老沈大膽推論，她應該能通過老天給的功課。

何以見得？因為，凡是印堂寬敞，鼻子高挺，法令寬秀，下巴地閣骨開朝，聲音飄潤佳好的女性，都有著過人的堅定意志力，與高抗壓力。所以，凌小姐能走出婚姻的陰霾，活出自己生命的色彩！

以上是老沈本義相結論，最後祝福這位美女，化卻憂愁見喜樂！

第164篇
「土剋水」流年51歲損財！

識面相而豫備，知天候而測災。如果面相是門自己的未來學，掌握天候變化就是門經濟的趨勢學！

昨天，高雄面相十二宮位班，學員提問：「請問沈老師，何謂土剋水？可否舉例說明之？」

教與學相長，老沈願意接受任何面相的提問，尤其課堂學員問題，每個問題都是考驗，卻也都是一種學習與砥礪。

黃同學的問題，老沈先給概念說明：「土剋水，是為鼻子沖剋水星，鼻主土，嘴之水星為水，如鼻準過長壓過人中，是為土剋水的相局，主51歲必見損財。」

同學問：「請問可有實務案例？」哈哈哈！老沈書讀得不多，但面相故事案例還真的是信手拈來，於是，讓我想到二十多年前的一則案例。

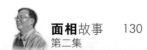

面相即是生活，生活離不開面相。故事主角是位陳先生，他是老沈新居的鄰居，年約65歲的陳先生，鼻準壓住人中過半，笑起來嘴角歪斜，這樣的相理就是「惡土沖剋惡水」的相局，又稱土水相剋。

　　老沈習相，就是喜歡驗證，那天聊著聊著，我當下把握機會問：「陳先生，請問在你51歲那年，是否有重大損財情事？」他說：「有，那是十多年前的事。」我再問：「你是不是種農產受到重大損失？」接下來，這故事情節可精彩了。

　　他說：「記得那一年，我種了一甲多的香蕉，香蕉飽熟，應可豐收，並已接受盤商前來估價下訂。」我問：「盤商下訂了沒？」

　　他苦笑的回：「與盤商約好估價下訂，結果那天新聞氣象消息，發布陸上強烈颱風警報，盤商取消約定，要延三天再來。」

　　天有不測風雲，他說：「那顆韋恩颱風，從濁水溪登陸，我的香蕉園被颱風尾掃過，整個蕉園東倒西歪，香蕉掉的掉，泡水的泡水，災情慘重，慘不忍賭，盤商就沒來下訂，那回真的血本無歸。」我追著問：「陳先生那年損失多少？」他說：「那年損失約五、六十萬，換算現在幣值約在一佰多萬。人呼你賣鰲的（註：閩語，指人未必勝天），務農的真的是靠天吃飯！」

　　按面相來說，陳先生鼻子中土沖剋嘴巴水星，流年51歲必見損財。就面相實務而言，只要是土沖水的相局，不管是營商、農稼、公職，都會受到傷剋。

　　所謂「知識就是經濟」。識面相而豫備，知天候而測災；如果面相是門自己的未來學，掌握天候變化就是門經濟的趨勢學！可惜，一般如陳先生者，只知日出而作，日落而息，他怎麼知道「知識經濟」是啥東西呢！

　　無知是貧困的開始，這則故事案例，恰是陳先生「命運的悲歌！」昨晚課堂上，針對黃姓學員「何謂土剋水」的提問，老沈做了理論與實務的回答，今晚即時箚記，願與大家分享！

第165篇
老牛反被嫩草給吃了！

夜入翠煙啼，畫尋芳樹飛；春山無限好，猶道不如歸。

盤子！大盤子！只因為他娶到一頭母老虎！

好友阿信長期在大陸發展，就在燈紅酒綠的場合裡，結識了小老婆；猶記十年前，阿信帶著美女老婆回到台灣，專程拜訪老沈，我掃榻相迎，大夥兒泡茶吃飯，阿信向小老婆說：「沈老師會看面相，要不要請他幫妳看看相……。」

又是一樁，哪壺不開提哪壺的鳥事！

眼前，這位美女新嫂子開口就問：「沈老師，我有幫夫運嗎？可以請你指點指點？」阿信則以閩南語答腔：「老沈，路上我提起了你，她吵著要我求你幫忙看相，你就說個幾句吧！」

我有幫夫運嗎？這問題俗不可耐，當下不給噴香，有礙情面，若要給說出真相，恐怕賓主失歡。所以，老沈只能不傷大雅的畫起「葫蘆」……！

我說：「嫂子額頭高又亮麗，膚色皙白，代表天生貴氣，很聰明，反應特是靈敏，看來阿信福氣啦！因為任憑什麼事情，妳都能幫老公打理得很好！」她說：「是啊！家裡大小事，我都不假阿信的手。」老沈心裡想，這是牝雞司晨的額頭相，看來阿信有氣可受了！

她問：「還有呢？」我說：「妳很愛先生，深怕他又會花心去，對嗎？」這位新嫂子可樂了，她說：「沈老師怎麼看出來的？」我回了句：「因為嫂子眉毛黑濃，眉頭有小角揚眉，這樣的眉相，對先生特是濃情蜜愛，形影不離呢！」她哇的一聲：「真的誒！」我說：「那嫂子要好好疼惜信哥，可別欺負他喔！」蠢婦，她聽不出老沈話中之話，還喜孜孜的誇我看得準。按面相來說，女生眉毛黑濃，是

「妻管嚴」之眉相，換句話說，是對先生占有慾特強。我心裡又想，阿信的苦日子是自找的！

　　她再問：「那有幫夫運嗎？」我說：「妳鼻子高挺是有幫夫運，但不要太有潔癖，否則阿信在家會活得不自在……。」這回，旁邊的阿信開口了：「沈兄，你說到重點了，我老婆真的有潔癖，一天拖好幾次地板，床單每天都要換洗……。」她搶著說：「我就是愛乾淨，把家裡整裡的乾乾淨淨，多好啊！」只見阿信表情覥腆，苦笑！

　　家有悍妻，這是頭母老虎。慘了！阿信慘了，這位新嫂子，額頭高、美人尖、小角揚眉、膚色白，加上嘴珠上翹，這是典型一哭、二鬧、三上吊的相理，難怪阿信不時要苦笑以對。

　　世界上男女的愛情，沒有所謂的如果，只有結果與後果！

　　當阿信帶著既年輕又美麗的母老虎老婆告辭離去後，這下子換老婆好奇的問：「他們會幸福嗎？」我微笑著說：「性服、幸福；性不服不幸就浮！」老婆又問：「我看這女生，法令多紋又壓嘴角，這對拍檔會長久嗎！」哇塞！老婆幾時變仙姑了，一語中的，厲害！

　　一語中的！當女生嘴角法令多紋，這對拍檔是不可能長久的！

　　就在前幾天，阿信突然來電說：「沈老師，我跟她離婚了。」我問：「怎麼回事？」他娓娓道說：「我有夠倒楣，幫她養孩子，還買房給她，她沒有感恩之心，還管東管西，連我要找個朋友都要受到控制……。稍不合她意，不是吵就是鬧，還暗中把兩棟房子過繼到她兒子名下，逼我離婚，我被掃地出門，這女人真的很狠……。」我打斷了他的話，問：「那孩子不是你的嗎？」阿信氣呼呼的說：「不是我的，為了顧全她的面子，對外都說孩子是我的……！

　　嘆！婊子無情，這檔風花雪夜的男歡女愛，沒有如果，也沒有結果，只帶阿信大大的後果！

　　大盤子！虧你英明一世，這回老牛反被嫩草給吃了，叫我如何安慰你呢？唉！就等你防疫隔離結束再說吧！

第166篇
每個人都有一本獨自的課綱！

　　沒有烏雲，沒有暴雨，便沒有美麗的彩虹；生命之船，沒有適當的壓力，航駛在汪洋既不穩也不遠！

　　小鄭今年20歲，是南部某明星女中高材生，可惜大學聯考失利，沒能進入理想的大學，她準備休學，考慮轉換跑道考警專，在猶豫不決下，她媽媽托了老沈的好友說相，說要專程拜訪老沈，有鑑於幫年輕人走出陰霾，是椿有意義的事情，所以，老沈沒理由拒絕。

　　小鄭大學考試失利，我說：「按面相經驗，凡有美人尖或額傷者，求學會有重大阻礙一次。」為證明，這項面相鐵則定律，老沈當下要她撥開遮頭蓋臉的頭髮，果真，她的髮際是雙髮尖，母女兩人見狀，嘖嘖稱奇。

　　見小鄭兩耳偏小，右耳輪缺了一角，兩耳顯得不對稱，又，左法令紋比右法令紋明顯，微笑起來，左法令紋是深秀了些；答案呼之欲出，她與父親親情極薄。

　　為更精準的證實，她與父親缺乏親情，老沈轉向觀察鄭媽媽，發現鄭媽媽，眼睛微露，兩邊顴骨佈滿著雀斑，這就是離婚的符號。因此，老沈便大膽的問：「妳先生人到那裡去了呢？」鄭媽媽說：「我們已經離婚多年，他另築新巢，女兒歸我養……。」

　　言歸正傳，小鄭問：「沈伯伯，我不想給媽媽生計負擔，我要考警專可行嗎？」

　　問的好，我說：「小鄭額頭寬，眼睛扁細，眼神和惠且定，妳就是讀書的料子，惟，美玉瑕疵的是，妳雙髮尖當陽，這雙髮尖不利父母事業、婚情，當然也不利求學運，但它卻是異路榮發的相，所以，妳很適合軍警發展。」

　　經老沈這一分析，母女露出了笑容，小鄭一臉稚暉的問：「可以

考得上嗎？」我說：「19歲求學路都已重大挫敗了一次，名高校生的妳，還要挫敗再來一次嗎？」她回說：「不想！」我說：「機會是給有所準備的人，如果不想再挫折，就得更努力以赴喔！」

這時，鄭媽媽說：「她很懶散，很不用功，每天追韓劇，勸都勸不聽。」哈！老沈借用教育心理學家比馬龍定律說：「要給孩子觀念，要給孩子適當的壓力與正向的期望，但得切記，當父母的不能常數落孩子的不是喔！」話語一畢，小鄭向我比了讚！

臨離開前，鄭媽媽問：「女兒笑起來眼睛瞇成一線，我想帶她去割雙眼皮好嗎？」我急忙說：「千萬使不得，眼皮一割就是破相，功名減半，家屋漏水，還會有購物癖好。」鄭媽媽哇聲：「好佳在，上個星期跟醫師爽約了！」

這個上午還真充實，當母女道謝離去後，老沈立即上網忙著下棋去！

功課！每個人都有一本獨自的課綱，答卷的是自己，給評分的就是老天！尤不得人，也怨不得上帝！祝鄭妹妹，心想事成！

第167篇
男生三濃格局是天生贏家！

　　人生無常，變數永遠且隨時存在；健康才是一生基業與家庭的根本！

　　今晚，門生傳來一對夫妻照片，她說：「這對夫妻都是我同學，男生45歲是個超人氣大網紅，前陣子中風，今天出院；女生鼻樑見節，年46歲。」

　　中風？我看了下男生的照片說：「他的印堂是有明顯懸針直紋，心血管病變是遲早的事。」

　　門生說：「跟老師學相，我就發覺女同學鼻樑見節，所以，這三年我默默觀察著他們夫妻事業的發展。」我問：「結果呢？」她回答：「完全落在老師課堂所教的事咎框架中……。我同學這幾年，事業起起落落，去年收了一家店，今年男同學在運動中昏厥，幸好緊急送醫急救開刀，現在仍在調養中。」

　　我問：「既然是同學，妳怎沒點撥他們？」她感嘆的回說：「那時深怕被貼上仙姑的標籤，所以並沒有提點他夫妻，流年44歲至50歲要注意事業與健康方面的問題。」

　　門生這兒問：「他們流年45與46歲，歷經關店與健康出狀況，那未來會平順嗎？」我回答：「江河日下，能保住平安健康就『阿彌陀佛』了！」門生好奇的問：「我同學不是三濃格局嗎？未來怎會不貴順？」

　　我說：「男生三濃格局是天生贏家，能得富且貴，但是，若失去健康，那富貴指數就會大大減損。」這會兒，老沈就依他們夫妻相理，向門生分析解說一番：

一、就男生面相來說：

　　1.懸針紋劃破印堂，事業來到中年見困，健康疾病問題在心肺。

　　2.鼻樑主財帛事業，他的鼻樑右斜不正，鼻樑不正者，中年事業如逆風行浪，怎能順字了得；第二健康問題，在脊椎側彎。

　　3.人中人沖，人中承中晚年運的樞紐，他的人中平滿，流年51歲恐怕會再次中風。

　　4.法令主晚運，他法令鎖口，晚運不濟；又，承漿疤痕，地閣骨不朝，試問，晚運想要乘興快活，可能性大嗎？只能說，不容易啊！

二、就女生面相來說：

　　1.印堂雜紋，加上眼睛一股神愁，當下心事多多；若有事業，這事業已見瓶頸。

　　2.女生鼻樑是先生的運勢指標，她年壽見節突起，是為反吟之相，對照於先生的事業，就是一股無形的傷剋力道。如果，加上先生鼻樑偏斜不正，夫妻年入中年事業與健康，就變成雙殺，雙殺？這是冥冥之中的定數吧！

　　3.法令紋不秀，且不對稱，右邊斷續不接，左邊深長，但有小紋壓嘴角。從這法令紋來說，太太晚年事業時好時壞，換言之，工作不穩定，直至59歲。

　　4.她嘴巴開大閤小，地閣骨寬闊，且骨肉相輔，這是唯一佳好的相理，故可以這麼說，流年60歲後還有自己的幾棟不動產，這應該是小孩有成就的表徵，同時也是包租婆的下巴相理呢！

禮記云：「學，然後知不足，教，然後知困。」門生經老沈這麼分析解說後，手機那端傳來「哇！」聲說：「老師不愧是面相大師！」她，順勢的向老沈噴了一注香水……！

故事結語是：保持健康，才是人生第一大事，否則一切都是空談！最後，這男主角51歲再次中風的預測，老沈但願失準！

第168篇
眼神柔和了，厄運可以減半！

親情是一股涓涓的細流，給心裡帶來甜蜜的滋養；

親情是一縷輕柔的陽光，讓冰凍的心靈無聲溶解；

親情是一個靜靜的港灣，等遠航的遊子回港依靠！

親情！每個人都想擁抱它，可惜對一個被遺棄的女孩，就不是這麼的浪漫！

故事主角筱君今年36歲，捐米義相她傳來了照片，並說，曾有位萍水相逢的人指迷說，41歲會有大劫難……云云。

劫難！以面相看論41歲劫難，不外是以眼睛為主，鼻子及山根為輔。

眼睛微有左大右小，但是並不很明顯，可是眼神放綻出一股讓人望之生懼的不滿，她的眼神強銳，又含著幾分的愁與仇。

至於鼻子，山根高起，惟鼻樑偏向左邊，人中也左斜不正；還得一提的是，她的眉毛秀麗，但是兩眉不對稱。

也許，面相高手如各位先生、女士，對老沈上列描述的相理，大概已窺知她悲涼的身世背景。

她，就是個被母親遺棄的孤兒，所以，眼睛散發出來的眼神，銳

利且驚恐，帶著一股不祥和的怒氣。按，面相九執流年法推論，41歲九執年行運在左眼，眼睛微有大小不一，眼神露怒不和惠，所以，她41歲會有個劫難的流年。

老沈細說分曉後，用低沉的語氣說：「點撥妳41歲大劫難的人，他是個相術界高手。」這時，她反問「那我該怎麼辦，需要去改運嗎？」我回：「古中國相術書籍裡頭，沒有所謂『改運』這兩個字，如果真要改變命運，只有靠自覺性的認識自己，然後以行動實踐自我設定的目標，這不失為創造命運、改變命運的一種方法。」

筱君又問：「那我該怎麼做呢？」該怎麼做？這是重點。老沈說：「放下包袱，放下怨恨，內心沒了舊恨，眼神會變得柔和，當眼神柔和了，41歲不好的厄運可以減半。」

她說：「我無法諒解我生母，她拋棄了我；我無法原諒養父對我的心理傷害……。」我說：「如果妳沒有放下包袱，眼睛銳利露神，那流年41歲宿命的厄運，恐怕就無解了。我知道妳很聰明，希望妳能把聰明轉變成大智慧，我相信妳辦得到。」

她聽了老沈的建言，嘆口氣說：「給我時間，我嘗試著做看看……。」

命！命運就寫在筱君小姐的臉上，她眉毛一高一低，眼神雖然銳利，卻有著不安全感的，神驚、神露；鼻樑偏左，人中左斜，這些符號在在訴說著，她與生母缺乏親情。

她，不僅缺乏母女親情，在她的內心世界充滿著恨，恨養父給的精神虐待、恨母親未曾給她甜蜜的滋養、恨看不見一縷輕柔的陽光、恨遊子找不到寧靜港灣的依靠！還有……！

可憐的苦命女子，人生的遭遇，淒迷無助，內心無比痛苦與掙扎，看來這些年的她，如似那暗夜哭泣的「阿信」！

盼！上帝還在人間，更祈盼上帝能拉住她求救的雙手！

第169篇
女生人中歪曲子宮異位！

　　命運的指標就寫在眼睛裡！眼相好與不好，四十歲前責任歸屬在父母，四十歲以後則要為自己的眼神負完全責任！

　　沒有人願意自己的眼神是露神、鹿駭或黑白不分，如果不幸的，自己的眼神相理不佳，那只有靠自悟自覺性的改變，否則誰也救不了妳！這是老沈那天送給筱君的良方一劑！

　　承上篇「台灣阿信」筱君未了的故事，老沈善意的為她義相，並點出她要放下舊恨，調整眼神，才能快樂的活出自己的生命色彩；這時筱君感謝再三，最後她再問道：「請問，我的事業及健康問題呢？」

　　筱君小姐是問到了重點；問事業在眉眼與鼻子，因此，老沈就她的眉、眼、鼻的相理，給了下列的回應：

一、妳的眉毛相理秀麗，但有一高一低，就事業來說，可以獨資，不宜合夥，因為眉主兄弟宮，又稱為交友宮。眉毛一高一低者，是為羅睺、計都相鬥，意表會被朋友兄弟倒債損財。

二、筱君小姐眼睛睜露又銳利，就事業而言，是有小聰明，但這樣的眼相，不利事業恆久的經營；短暫雖有利潤偏財，但財務收支不屬常態，是財來財去之眼相。

三、鼻子偏左不正，對事業是最大的殺傷力；鼻子不正者，流年41歲至51歲事業運，橫逆不順，故建議當個快樂的上班族，不可貿然創業。

　　她聽完老沈給的回答，再次道謝，並問：「那我健康的問題呢？」

健康？自己最清楚自己的健康所在，不是嗎？但為了滿足筱君好奇的提問，老沈就她臉上符號，如高低眉、鼻樑歪斜、人中不正，還有鼻準氣黯等，點出了筱君當下的健康疾證：

一、高低眉者，肩膀會出現酸痛情況。

二、鼻子偏斜不正者，脊椎呈側彎，因此脊椎酸痛幾成痼疾。

三、女生人中歪曲，疾病在子宮異位後屈，主婦科病疾，除常見於生理期不準外，還會出現血崩的症狀。

四、鼻準主腸胃，鼻子準圓氣色黯青者，腸胃偏寒，經常胃悶不舒服。其實，這樣的症狀是習慣吃生冷食物所造成的。

　　老沈話語一落，筱君小姐「哇……」的不停，說：「沈老師，您也太厲害了，完全說對了！那我該怎麼辦？」

　　該怎麼辦？老沈直說：「健康靠自己，多運動，少吃生冷食物，可改善體質。至於疾病問題，只有尋醫就診，別無它法……。」

　　命運就寫在臉上！以面相望診健康，不也是從臉上的密碼作看論嗎？

　　以上，是筱君的故事，感謝筱君小姐大器，同意老沈寫出她的故事，與大家分享。再次，祝福阿信筱君，心想事成，萬事如意！

第170篇
那廝配不上妳家阿妹仔！

　　錯失，如果錯失這個乘龍快婿，你女兒將會遺憾一生……！

　　這句話，是六年前老朋友求問女兒終身大事，老沈給的提點！

話說八年前一個晚上，突然接到好友汪伯的電話，他語帶急促的說：「女兒車禍，正送往郭綜合醫院途中，你快點過去幫我瞭解情況，我四十分鐘後會趕到……。」

　　汪伯是老沈好友，接到電話後二話不說，與老婆驅車直奔醫院。

　　到院同時，與汪伯女兒的救護車也同時到達，只見這位天真的姪女，還舉手向我打招呼：「叔叔，你怎麼來了……？」見到這個動作，我心安了大半，隨即陪她做些醫療檢查，還好，只是機車被撞，手腳皮肉受點傷，其他不礙事。

　　約十來分鐘後，醫院陸續進來一夥奇裝異服的年輕人，七嘴八舌的討論起車禍原由，其中一位少年，矮小的個子，滿頭金色亂髮，眼睛帶著幾分凶煞，指揮著這四、五個年輕人，要做這，要做那的，我好奇的問姪女：「他是誰？」她回：「叔叔，他是我男朋友。」話一落地，我一臉錯愕，心裡一愣，如果汪伯倆老等會兒，看見女兒這位「金獅毛」的男朋友，不知會是怎樣的劇情！

　　半小時後，好友夫妻匆忙趕到醫院，知道女兒狀況平安後，解下心頭大石，但我嫂子看見那個「金獅毛」男生，不時對她女兒獻著殷情，便好奇的向女兒問：「他是誰？」這突來的問題，只見姪女羞澀不語，左看右看，不知如何回應媽媽的問題。

　　我見狀，為幫姪女解圍，便對著「金獅毛」說：「小兄弟，你幫阿妹仔牽車送修去，這裡就讓我們來處理吧！」他點著頭便帶著這幫年輕人離去。

　　場面頓時不再凝結，好友汪伯避免尷尬，掉頭走出外面抽起煙，這時姪女向她媽媽說：「那個金頭髮的，是我男朋友。」坐在急診室床位的汪嫂，一聽女兒的男朋友，雙手往額頭拍著，大哇一聲：「我暈倒了！妳也給妳爸爸留個面子，怎麼會交這個三分不像人，七分不像鬼的男朋友……！」汪嫂語畢，哇哇的大哭了起來，在旁的沈老婆，不時安慰拍撫著汪嫂的情緒！

　　我呢？則對著天真不更事的姪女說：「阿妹仔，看妳一臉貴氣，

妳的另一半應該是斯文，且又有經濟能力的。」姪女知道大家對她的期待，噙著眼淚，默默不語！

　　事隔二年，姪女返家工作，交了新歡，汪伯夫婦特地帶來幾張照片來訪，照片中，是位二十來歲皮膚黝黑的男生，汪伯有話直說：「老友，這是小女的男朋友，我要請你這個半仙，鑑定一下，他與小女適配嗎？」老沈端詳一番，正經又嘻笑著說：「如果錯失這個乘龍快婿，你女兒將會遺憾一生！」

　　汪嫂笑著問：「全榮，你能說說，為什麼他是乘龍快婿？」身分如似小叔的我，向汪嫂做了相理分析：

一、膚色黝黑，但肌肉結實；額頭不高，卻是鼻子隆起；個子不高，臀部厚大，五行屬土，土行形人百病不侵，忠厚老實，最能刻苦耐勞。

二、眼睛扁細長，代表有智慧又冷靜，不愛說話，配妳家阿妹仔愛說話的個性，就是互補。

三、眉毛秀麗，眉揚過目，印堂開寬，日月角凸起，四字口，下停又飽滿，這年輕人出身寒門，但流年二十六歲便有一番作為，直到不想呼吸為止。

四、額頭偏低，但不狹窄，故可以說，男方父母學歷雖不高，但與人為善，家庭十分和樂融融，男生媽媽下巴應該很寬闊才對。

五、妳家阿妹仔，膚色白皙，鼻子高寬厚挺，他的先生應該很有才氣，沒有能力的絕不會是她的先生。

　　所以我說，眼前相片中的這個男生，就是你汪家的乘龍快婿，至於以前那嘶「金獅毛」，根本配不上妳家阿妹仔！

　　經老沈這麼分析，汪伯夫婦倆四目對焦，汪嫂面顯喜色的說：「前面幾點的分析都說中了，全榮啊！江湖有你的傳說，我算見識了。」這時，汪伯補了句：「這兒回去，女兒大事底定，年底要請老

朋友坐大位！」

喜事！就在六年前的婚禮主桌上，新郎、新娘舉杯：「謝謝叔叔！」新人燦爛笑容，至今記憶猶新。

稀客！今年中秋節，這對夫妻出現在老沈面前，他們倆帶著二個男娃，還有幾瓶土龍酒，驅車來訪，只為答謝我這個「點鴛鴦譜的沈太守」！

喬太守亂點鴛鴦譜？而我這個沈太守，藉「相」充當媒人，到處騙吃騙喝，今晚老沈自我檢討，還真的是前科累累……！

第171篇
不愧是正點媳婦材！

俗話說：買房看房樑，娶妻看丈母娘！

承前篇故事，老沈藉「相」充當媒人，騙吃騙喝，是前科累累……！

接著來談一則，老沈幫一對才子佳人譜了姻緣的故事。

七年多前，老沈上台北拜訪同學，那晚與同學幾杯酒茶下肚，好友抓住機會，亮出手機中的幾張照片說：「我家兒子沒經我同意，竟自己交了女朋友……。」旁邊的同學太太說：「大師你幫忙看看，這位女生的面相好嗎？」

林家這兒子真是優秀極了，那時已是南部某大醫院實習醫師，因未來行情看漲，同學夫婦對兒子的婚姻對象，特是高規格要求，三令五申，不准兒子任意交女朋友；所以，同學藉老沈北上來訪機會，馬上要我當狗頭軍師。

老沈與這位同學，交情匪淺，使命難辭下，便詳細端看手機照片上的女生一番，隨之開口直說：「身材不美，相貌還美，但相理又比相貌來得更美。」有趣！同學說：「你是在繞口令嗎？我怎麼有聽沒有懂！」在旁的同學太太緊張地問道：「全榮同學，你能口語話一點好嗎？」

哈！這回老沈直白地說明：「正點媳婦材，你林家要大貴旺了！」同學夫妻這時大眼對小眼，異口同聲問道：「怎麼說？」

「看在同學招待美酒濃茶份上，我這個狗頭軍師，就向兩位作簡報。」我笑著說，幽默的林太太喜上眉梢，回道：「有請沈大師開示，小女子我洗耳恭聽！」一向誠實憨厚的同學，一臉傻笑，端坐陪著聽簡報！

一、所謂的正點媳婦材，就是昌家旺夫之相，能夠昌家旺夫的女生，相貌未必很美，但是要具備下列幾點相理：

1.額頭宜寬闊適中，太高寬或過於低窄都不好，太高寬會壓抑丈夫的光芒，太低窄則難登貴婦之列。

2.眉毛如柳葉微拱，不宜過於粗濃，粗濃者勞碌不逸，也不宜過淡散，眉淡眉散駕馭丈夫無術。

3.眼睛形狀宜扁細，眼神要定且和惠，不符合這相理者，硬是缺乏一股貴氣。

4.印堂要開闊平整，印堂開心胸大，印堂窄胸襟窄，如果兩眉侵印堂，丈夫事業會經營得很辛苦。

5.鼻子為配偶座，女生鼻子如厚寬高起，丈夫會有很高的社會地位與經濟條件。

6.耳朵宜厚長且正，耳潤珠圓，具有這耳相的女生，沉得住氣，能相夫教子。

7.人中宜寬深長正，人中相理好，婦科疾病少，氣度不凡，能生育健康子女，反之則否。

8.下巴要飽滿，地閣骨得微微朝上，有好的下停長相，才能養育出優秀的下一代，非但能旺子女，又能旺及孫輩。

二、相片中的女孩子，是萬中選一的媳婦材，要不要繼續交往，就由你倆決定了。

三、如果他們繼續交往，請你優秀的兒子帶著女友來我家做客，我想再聽聽她的聲音。

四、買房看房樑，娶妻看丈母娘。事關婚嫁的決定，方便的話，用臉書上傳女方媽媽的照片，可以更精準的看出她女兒的未來走向。

當簡報完畢，我好奇的問：「女生哪裡人？」同學回：「住台南，研究所二下。」我問：「同學你多準備幾輛牛車去？」同學傻笑的問：「為什麼？」我說：「如果真嫁到你家，嫁妝會好幾牛車……！」話一畢，三個人笑逐顏開。

賓果！事隔個把月，林醫師帶了女朋友來訪，女生氣質出眾，落落大方，微笑總是掛在嘴角上，說起話來，不疾不徐，如黃鶯出谷，十分悅耳。不愧是「正點媳婦材！」

又，時隔幾週，同學夫妻南下老沈家，邀我一起參加「正點媳婦材」女生的畢業演奏會，同學介紹了女方媽媽與老沈認識，老沈心裡暗自「哇」了聲「正點丈母娘」。她的眼神十分和惠，下巴地寬闊朝，臉上散發出一股高貴的氣息，打聽之下才知，原來女方是名門望族。

任務來了！過不了多久，同學委派我這狗頭軍師去提親，結果？促成了一對才子佳人的姻緣好事！

有趣！什麼鍋要配什麼蓋，老沈前科累累，可不外行呢！

第172篇
愚痴的人，一直要別人瞭解他！

話多的人，嘴巴閉不起來；金多的人，錢拿不出來！

今晚姑且不談多金，就來說一則，關不住嘴巴的面相故事。

故事主角王君，是老沈當年同學，他一對鳳眼秀眉，聰明精幹，在校成績一向名列前茅，他服完兵役後就自行創業，做起小資老闆，因經營得有聲有色，41歲之年已是地方上的富翁。

時間撥回二十多年前，老沈在偶然的機會裡，與另一位同學走訪了傑出的王同學，板凳方坐下，王君就滔滔不絕的，細說著他的豐功偉業，老沈與另位同學就如聽訓般的，聽著他風光的過往，我們幾無插嘴置喙餘地，還得要頻頻點頭，他只差沒叫我倆人，起立鼓掌罷了！

俗話說：少年得志大不幸，這句話並非絕對，但對印證在王君臉上，倒也相去不遠。

面相有一說一，一個符號可以對應一個休咎。王君有著日月角骨，加上眉清目秀，一臉書生俊帥的相貌，所以少年早發，中年有成。然而，他鼻子削窄，骨多於肉，加上嘴巴唇薄，法令不張，地閣尖削，乙木格局加上倒三角形臉的他，年入45歲就會來到人生的分水嶺。

吾愛吾友，吾更愛面相的真理！其實，我在意且要不斷追蹤觀察的是，他那關不住的嘴巴。

有句警思語：「有智慧的人，一直想要瞭解自己；愚痴的人，卻一直要別人瞭解他！」老沈深刻記得，那年王君更以鄙夷口語，揶揄的說：「我一個月的收入，是你們公務人員半年的薪水……。」聽在耳裡，老沈內心暗自臆斷著，他晚運的敗相，就寫在那張嘴巴裡。

古相書《太清神鑑》云：「是以古之聖賢，察其人則觀其形，觀

其形則知其性，知其性則盡知其心，盡知其心則知其道；觀其形則善惡分，識其性則吉凶顯著。」可見，人之吉凶，一定程度取決於個性，這是個性駕馭命運的道理所在。

他！個性自我，活在自己的世界，這回老沈相王君之心，更勝乎相王君之形。

有趣！就在走出王君家，同學問道：「全榮，你懂得面相，請問，王同學還能發貴到幾時？」我回答：「由昌吉墮入凶悔恐是不遠矣！」他問：「怎麼說？」我回答：「你沒看見王君嘴巴沒有上拉鍊嗎？」

王君嘴巴沒有上拉鍊？就在前幾年，傳來王君大筆投資失敗的消息，且最近幾位同學們再見面，只見王君疾病纏身，說起話來，上氣不接下氣，面相所謂「形相與心相」兩相呼應，王君流年45歲後未再攀高，56歲入水星運後，命運曲線圖明顯往右下四十五度角傾斜中！

完全不意外，王君晚年的際遇，就落在乙木相局裡；老沈幫不了忙，只能誠心的祝福他，早日康復，東山再起！東山……！

容自我省思：飽實的稻穗，總是彎著腰，低著頭；傾聽與謙卑，也許是東山再起的一劑良方！

第173篇
贈財會用盡，贈言用不完！

金錢可用盡，良言用不完；贈財會用盡，贈言用不完！

今年九月，老沈循例於面相棧舉辦「捐米義相」，義相中，有位海外朋友問及他婚情的問題，他說：「沈老師，自今年初新冠肺炎疫情來襲，老婆鬧著說要離婚，您看我的面相會離成嗎？」

他問得很直接,我問:「為什麼離婚會扯上新冠肺炎疫情?」他說:「我住新加坡,上班公司在馬來西亞,因疫情關係邊境檢疫嚴格,上班得提前一小時半,下班又要延遲兩小時,每天累得要命,無法滿足老婆生心理需求,所以她要鬧離婚。」言談中,一臉無奈的表情顯露無遺。

夫妻鬧離婚?這得從臉上十字帶區看論,他眉眼橫帶區,因七個多月來長期睡眠不足,眼眶翻黑,兩眼眼神不足,珠睛不亮。又,印堂鼻樑縱帶區,就在鼻子山根下年上壽上部位,偏右歪斜不正。這樣的相理對婚姻是有很不利的影響。

老沈開口問:「按眼睛來看,你有過敏體質,又因睡眠障礙引發腦神經衰弱症;其次,先生脊椎已側彎,反射在鼻子是為鼻樑歪斜不正,所以受腰酸背痛所苦,對否?」他回答:「正是!這與男女婚情有關係嗎?」

問得好,老沈說:「眼睛烏濁不朗,眼眶暗黑,腎水不足,精氣神盡失,房事起勃谿,當然會影響夫妻關係。」他無奈的說:「上班很累,睡都睡不飽,男人真命苦呀!」我回答說:「鼻子歪斜才是婚姻的重點。」他再問:「為什麼?」

老沈觀相不順藤摸瓜,不話中套語。當下老沈給說明分析如下:

一、鼻子為一面之主,主疾厄、事業、財帛與婚情。鼻樑歪斜者,這四項至少會對應二到三項,運氣更差者,四項全會命中。

二、鼻樑如房屋中柱,鼻子歪斜就猶如中柱傾斜,家中成員會惶惶然的感到缺乏安全感,流年就在41歲至50歲期間。

三、如果脊椎不及時矯正,緊接著流年51歲健康就是大沖。

四、男生鼻樑偏右,生女兒多,且與女兒聚少離多。

鼻樑偏右與女兒聚少離多!這句話真刺激他,他說:「我只有一個女兒,我很喜歡她,那我該怎麼辦?我不希望離婚,我要給女兒一個正常的家庭……。」說到這裡,老沈問:「女兒額頭有受傷或髮尖

嗎？」他立刻傳來女兒照片，女兒膚色白皙，額頭並沒有違章建築符號。

看完照片後，老沈為他高興，因為以面相外襲法來說，女兒額頭主父母事業、健康、與婚情。我說：「先生的婚情還有挽救的餘地。」他問：「怎麼個救法？」老沈直給建言：

一、每天拉單槓，拉單槓可以調整脊椎側彎，當脊椎不側彎了，鼻子就能回復直正形狀，當鼻子不偏斜了，腰酸背痛疾病即可改善，婚姻與事業就跟著穩定。

二、女兒額頭千萬別受傷，如果能不受傷，你夫妻關係就不會遭到剋損而離異。

他，感謝再三，以感性的語氣說：「沈老師，我會遵照您的建言去做，很感謝您指點迷津！」

金錢可用盡，良言用不完；贈財會用盡，贈言用不完！看相？是要給人信心，不可給人罣礙！不是嗎？誠祝這位南洋朋友，撥雲見日！

第174篇
氣色不亮，該籤應是下籤！

落土時八字命，老天曉得，命理明師也知道；走不走運，從福德正神出的籤詩知道，老沈從氣色也能看得到！現在來說一則，車城土地公廟信徒求神卜卦的故事。

老沈職場退休後，選定與車城福安宮土地公當鄰居，閒暇時，偶爾找廟祝同學阿舜喝茶聊天，阿舜同學是宮廟資深籤詩解說員，由於解籤很準，幾乎無人可以替代，所以他這工作一待就是三十個年頭，

我稱阿舜為「神解籤」，倒也名實相符。

　　記得四年前一個早上，我去廟裡找阿舜茶敘，茶敘中，有位女信徒卜籤求解，阿舜看完籤詩問：「求籤要問何事？」中年女子回問道：「我可以開早餐店嗎？」老沈是不相關的第三者，但老沈站在相學探索的好奇下，眼睛掃瞄這位求問著的臉，她年近50歲許，兩眉交鎖，鼻樑不起，兩眼烏濁，一臉暗沉的氣色，老沈心裡暗自臆斷：「氣色不亮，該籤應是下籤，凶，不宜。」

　　有趣！同學阿舜向問事者說：「這支籤詩是下籤，籤詩說要等些時候，才能看見光明。所以建議開店一事，要緩一陣子再說。」女信徒答謝後，跚然離去。

　　不多久，又來了一位年約40歲高俊帥的中年人，持著籤詩向阿舜求解。他說：「請問，我能再拓業嗎？」

　　「我能再拓業嗎？」這時，老沈看了這位中年人一眼，見他印堂發出一道紫氣光澤，兩眼神足且亮，鼻子豐隆明潤，顴骨微張色明，一臉如沐春風的喜氣。

　　相書說：氣色明亮，只論吉昌，不斷凶咎。這時老沈心裡自臆：「吉，大吉，應是上上之籤。」

　　這會兒，阿舜給解籤說：「這支籤詩是上上籤，籤上說，先生平時福德普施，所以展業可以更上一層樓。恭喜！」也許是巧合，這與老沈的暗忖，不謀而合。竊喜！

　　看在這一幕，直讓老沈想起中國相術演變史，不就是由宗廟巫師解卦，進而由聰明的巫師，省略繁瑣的祭祀卜卦過程，直接使用氣色斷定吉凶，且屢試不爽，因此，古相術家以氣色觀相的理論系統於焉創發，傳承至今而不衰。

　　那天，如果福安宮是古代的宗廟，阿舜就是占卜的神巫，至於老沈？就是位閒閒沒代誌，樂於田野調查的非典型相士罷了！

　　佩服！以這故事為例，車城福安宮香火鼎盛，神威顯赫，問事真的很靈，欽哉福德正神！

第175篇
江湖一點訣，說破不值錢！

命運的劇本就寫在自己，以及相關血親的臉上，我們只能按照劇本演出……！

今天，深交四十來年的好友劉姓夫婦，帶著女兒與乘龍快婿，及未滿週歲的外孫來訪，午餐閒聊，老沈老毛病又患了，眼睛不時的盯著劉家女婿端詳，同時，也直看著劉家掌上明珠，及她手上抱的男娃，一時興起，老沈主動的向劉家女婿看起相來。

劉家女婿虛歲32歲，是名大學的研究所畢業，一表人才，服務於國營企業，任職技術開發工程師，他臉上散發著書生氣質，面相特徵在於，眉平而秀，眼睛扁細，額頭高寬，日月角凸起，更特別的是，膚色白皙又有濃密絡腮鬍，堪稱典型的「三濃相格」。

按，三濃格局相理，本身就是非富即貴的相格，然而，為了證實他流年35歲後會大旺大貴，老沈便以面相外襲法，反覆做交差比對驗證。

眼下可驗證的是，劉家大小姐鼻樑特別是高、寬、厚、實、正，按相書說：女生鼻子主宰著夫運，女生鼻樑高、寬、厚、實、正者，是旺夫之相，所嫁先生具有社會地位與經濟能力。又見她懷裡男嬰，是個皮膚嫩白的大頭娃，按相書文獻的說法，額頭高寬凸者，是為旺父旺母之額相。

有趣！老沈開口對劉家女婿說：「令堂下巴飽滿寬厚，對嗎？」他回：「我媽下巴是圓的。」我：「你上頭有位哥哥，哥哥的眉毛長得很秀麗對嗎？」他驚訝地問：「是有位哥哥且眉毛秀麗，伯伯怎麼知道的？」

這會兒，老沈賣個關子暫不給答，接續說：「令嚴上頭有哥哥，

也就是你的伯父，對否？」他回說：「我是有位伯父。哇！您是怎麼知道的？」

「哇！您是怎麼知道的？」面相好好玩！老沈用外襲推論與反推論法，帶動了餐敘的高漲氣氛，當下想知道答案的，不僅是劉家女婿還有在場的好友夫妻，及我的好同學黃董夫婦。

老沈非江湖人，就別說「江湖一點訣，說破不值錢」，現在，就來掀開這個相技竅門吧！

何以老沈知道劉家女婿，以及他父親上有兄長，這是從他的耳朵反廓，所以推測他上有兄長；又，他與兄長眉毛既然都是秀麗的，代表兄弟倆會很有成就，真謂：滿庭蘭桂，競吐芬芳。這除了媽媽圓潤下巴庇蔭外，還可據以歸納出，他父親耳貼廓反，子午線垂直，所帶來看不見的引力。

按相書所載：男生耳貼廓反，子午線垂直者，主上有兄長，且子女不需刻意栽培，各個都能成材成器。古相書裡的這兩條相則，是再次證明老祖先留下的文獻為真！

據此，所以老沈大膽論斷，劉家「三濃格局」的女婿，將來成就非凡。其實，老天早已為他寫好了劇本，他只能按著劇本，演出一齣精彩的美麗人生罷了！

恭喜！恭喜劉家擁有乘龍快婿，待寫完這篇故事，老沈要去電問問好友：「劉家燒的香，一斤是多少錢?!」

第176篇
有錢人的屁股摸不起！

閩南諺語：有錢人的屁股摸不起！因為有錢人只知道拿著鏡子照別人，卻永遠照不到自己！

六年前，故事男女主角堪稱登對的才子佳人，夫妻倆職業高尚，已位居名流社會階層，但當彼此不再相互信任，才短短幾年的佳偶，已質變成為怨偶。

這回，那有錢又強勢的娘家說：「你兒子是怎麼教的？連生活費都要跟我女兒計較。我們是世家，絕不會讓女兒受到委屈，你回去要好好管管你兒子……。」有錢人，說起話來就是這麼的「鬆世」（註：鄙視欺人）。

鄉下人的公公，面對親家母的強勢，只能隱忍吞下，無言以對。

鄉下人的公公是老沈的拜把好友，那天，他備妥了照片，特地帶來恆春找老沈，要老沈幫他兒子與媳婦看相，問了敏感的問題：「你看他們會離婚嗎？」

會離婚嗎？老沈從面相的角度說：「山雨欲來風滿城，大事不妙！」好友問：「為什麼？我願聞其詳！」

老沈從男女主角相理，說到親家母、好友下停特殊符號，以及長孫女的額頭，依序分析如下：

一、男主角一表人才，長相斯文，美玉瑕疵的是，有顆當陽痣壓住了鼻樑年壽部位。這顆痣的休咎主要有二，一是桃花朵朵開，二是因色損財、損業。

二、女主角相理好，好在額頭寬凸，眉毛秀麗，但是耳骨反廓乏珠，鼻樑骨高挺，鼻翼削窄不開；然更讓人擔心的是，她眼睛一大一小，眼睛大小眼者，流年37、38、39歲，不利婚姻；又，按這般額、鼻、耳、眼相來說，她個性不服輸，也

不懂得退讓，有著寧為玉碎，不為瓦全的憤世思惟。她自幼嬌生慣養，個性強勢，最是受傷的恐怕就是先生了。

三、至於，好友親家母的長相，一臉貴氣逼人，但美中不足的是，她那開闊的下巴，左右不相稱，左邊地庫明顯偏窄。按面相的解讀，左地庫主女兒，她流年74、75歲，不利女兒婚情與事業的運作。巧！親家母正值74、75歲，看來這對才子佳人的婚姻，大不妙矣！

四、再來，就好友下停相理分析，他下巴飽滿寬闊，法令寬深秀長，可惜的是法令紋外側近地閣兩側比鄰、莊田部位，出現對稱的「K字紋」，「K字紋」是違章建築的符號，負向影響是晚年要為子女操心擔憂，流年以66、67歲為最不妙！好友明年適巧66歲，我真為他這兩個流年擔心！

五、還有，長孫女一臉聰明相，但是額頭特別高寬凸，按面相文獻所載，女生額頭特別高寬凸，並不是好的額相，會刑傷父親於無形。如果，搭配以她爸爸鼻子年壽痣，用外襲法的推斷，父女兩相呼應，不謀而合。

綜合上列五點的分析與說明，答案老早就寫在他們的臉上，所以那天上午，老沈只好無奈的對好友說：「這樁婚姻不美，已是冥冥之中的定數！老天慈悲，希望我的臆斷失準！」

離去時，好友深深地嘆了一口氣說：「媳婦從不做家事，親家母又強勢護女，唉！有錢人的屁股，鄉下人真的摸不起！」隨後接著說：「我知道該怎麼辦了！」

老沈故事結語是：「腦袋空空的有錢人，只知道拿著鏡子照別人，卻永遠照不到自己！」不是嗎？

第177篇
活出生命的色彩！請別痛不欲生！

　　生命是老天給的禮物，活出生命的色彩，才是妳給老天的禮物！
請別痛不欲生！

　　本故事來自三年前臉書社團捐米義相活動的A小姐，請求老沈幫
她看相。那時，老沈詳看傳送來的照片，發現她右顴骨兩顆痣，就這
痣相，我給的說明是：

　　一、易受長輩親屬勞煩。

　　二、流年46、47歲損財敗業。

　　三、喜歡的男朋友，會因長輩的意見讓人為難。

　　那時，A小姐立馬給回應：「太準了！正因為如此，他跟我分手
了！」隨後她去捐了善米。

　　事隔三年的今天，A小姐再次求助老沈說：「老師，請問捐米能
夠請您幫忙看相嗎？我於28歲遇到一個好對象，奈何因為我自己個性
的關係分手了，後來30歲又遇到一個很好的，交往了幾個月談到要結
婚的時候又分手了。我簡直是痛不欲生，又不知道到底出了什麼問
題，因為之前說我脾氣不好，不善溝通，愛計較，我全改了，最後還
是分手了。雖然此生已經無望，還是希望老師能夠指點一二。」她
還補了句：「捐米的數量您開，數千元的綿薄之力沒有問題，謝謝
您！」隨之，她傳來已捐給愛盲協會2000元的收據。

　　她說：「痛不欲生，又不知道到底出了什麼問題……，希望老師
能指點一二。」這回，老沈好似被趕上鴨架了。話說，我沒開館擺
硯，從不接受私訊求相。其次，我的捐米義相只限服務一次，如果打
破這兩個原則，老沈肯定會累的沒完沒了！不是嗎？

　　有鑑於此，這回老沈不受理求相，就容以故事方式回覆A小姐如
下：

一、凡顴骨長痣者，不論男女，至少都得面臨一次的戀情失敗。

二、女生眼袋偏黯青，如果非過敏性體質者，便是所謂「丈夫訓練班」的眼睛氣色。換言之，要想擁得真情真愛，得把眼睛的精氣神調整回來，否則會是戀情的輸家。

三、女生副法令紋壓嘴角，這可是非元配之紋相，如果硬當元配，還需面對二次的婚情。

四、沒有主法令紋的女生，總是會屈就情感而遭受身心傷害，這可不能不慎。

五、A小姐貴在眉毛如柳葉，鼻子隆起厚實，顴骨隱圓，加上膚色偏皙白，眼神定且和惠，貴婦列車未來的乘客，妳就是其中的一位。

六、這年代已進入多偶分期，分期多偶，只要不在意這個思維浪潮，A小姐就能活出生命的好色彩。

A小姐痛不欲生？容老沈給個安慰語：「平坦不是最好的大道，起伏才有精彩的人生！」最後，祝福A小姐早日走出五里情靄！

第178篇
您是怎麼知道我兒子的長相！

郎君一匹馬，媳婦半條韁！又，不聽老婆言，吃虧何只在眼前！

老游是老沈退休後結識的好友，游出身寒門，少小離鄉老大回，他有過風光的歲月，在26歲那年從基層一路發旺發貴，幹到一家上櫃公司副總經理，當事業發旺後於41歲，與友人赴大陸投資，勝利組的

他流年入45歲時，人生遇上大瓶頸，從此事業受挫，一蹶不振，最後他選擇當返鄉的鮭魚，回到恆春半島頤養天年。

本故事的內容，旨在探索在何以游先生，從無到有，又從有到無，問題到底是出在那裡？

人相術自古就屬神祕文化的一環，它有著奧妙的對應關連，這關連就寫在自己與相關人的臉上。現在就由老沈帶引著讀者，解開游先生及其相關人臉上的密碼。

土形行的游先生額雖低窄，然而身材魁梧的他，卻有著清秀的眉目，一對龍眉八要的眉形，配上一雙外形扁細，神光含藏的龍眼，但美中不足的是，山根偏低，又逢上年壽有顆小痣。

相稱：鼻為夫星；男人中年的大運大半被老婆的鼻子所主宰。從手機照片上，她那特有氣質的老婆鼻子，就顯得小了些。

面相問題探索來了，以他額頭偏低的相理，是符合出身寒門的相格；且那幅眉目清秀，君臣相符的眉眼相理，足印證了他26歲起可以發貴，直到41歲肯定是沒問題。

問題是，游先生的山根鼻樑略顯低陷，又鼻樑小痣當陽，加上老婆鼻子小了一號，夫妻兩相對應下，游先生中年人生走滑，倒是一點也不意外。

接著進入下一個問題，老沈大膽的問：「游兄您最小的孩子，額頭低，額頭有髮尖，膚色又黑對嗎？」問畢，游驚訝的回道：「沈大哥您是怎麼知道的？小兒子就是這長相……。」這時，他從手機找出了小兒子的照片，讓老沈看了一下。

「您是怎麼知道的？」面相的玄奧就在這裡，因為，按老沈的外襲法推定，最小兒子的額頭長相，就是父母的事業、健康、與婚情的儀表板。我說：「小兒子額窄又有美人尖，且膚色偏黑，對父母的負面影響姑且不論婚情，首當其衝的是事業，隨之而來是健康問題。」

就在老沈分析說明後，游嘆氣著說：「誒！我生老大、老二時，事業有聲有色，老三出生後，事業就一路不順，且脊椎骨兩度受傷。

要怪也怪在自己，赴中國大陸投資前，老婆一再反對，我卻一意孤行，家產因而流失半壁江山，現在後悔也來不及了！」

郎君一匹馬，媳婦半條韁！從游先生的故事裡，證實閩南諺語：「聽某嘴，大富貴！」這句話，還是挺管用的，可惜這匹郎君馬，馬力賽過赤兔馬，他衝得太快，所以脫韁了！

第179篇
鼻子大才是發號司令者！

老游這匹郎君馬，馬力賽過赤兔馬，他衝得太快，所以脫韁了！

接續前篇故事，事業日正當中的游先生，轉換跑道往大陸投資時，何以聽不進老婆的勸？就相論相，這當中是需要進一步釐清。

一、以夫妻兩人的鼻子來說，夫大妻小，作決策的當然是大鼻子的先生為主，反之亦然。因為鼻子為一面之主，鼻子大才是發號司令者。

二、郎君馬游先生，鼻樑年壽長痣，主損財敗業，但按相書說，這顆痣為桃花痣，既是桃花痣，流年44、45歲他損財敗業了，便可大膽推論是掉進了桃花園，遇上了桃花劫。

三、游的大女兒、大兒子，額頭特別寬廣，膚色又白，造就了他前段事業的風光；可惜的是，後來出生的小兒子上停相理失陷，如額低、髮尖、膚黑，這樣的上停長相，對父母無形的傷剋，不言可喻。

四、游的法令不明顯，所以自53歲回鄉後，就再也沒進入職場，直到今年57歲才在從事房屋仲介行業。

遺憾！那時老游沒碰上命理貴人的指點。所以人生走入五里霧霾中！

　　那天，游再問：「沈大哥，您可再看我的晚運呢？我有事業第二春嗎？」問得好，我說：「你與老婆的下停地閣骨飽滿，懸壁兩頤對稱肉腴，晚年吃穿肯定不用愁。至於第二春我只能說，妙不可言！」他笑瞇著眼問：「妙不可言！沈兄，這話怎麼說呢？」

　　妙不可言！我說：「你鼻頭大，頭頂平，背隆起，走起路來手擺肩不擺，故五行屬土形人，你的嘴巴呈四字口，印堂寬闊，兩相呼應下，56歲至64歲當然要有一片天空，你今年57歲轉換跑道開始從事房地產仲介買賣，你不覺得正漸入佳境嗎？」聽了老沈分析後，他眉開眼笑地說：「最近媒介了幾筆土地，都已交易成功，且後面還有幾筆土地買賣，等著我去「牽猴仔」（仲介）！」隨之，游起身點頭說：「謝謝沈大哥的金口！」

　　命好不怕命來磨！這匹脫韁的馬，終於回到廣袤的大草原，再次找到了舞台，四字口的老游，晚年正要上演一齣美麗人生的戲碼！

　　妙不可言！老游這齣戲碼會一直演到他64歲為止，大家就拭目以待吧！

第180篇

部屬對他真的風評極差！

運來鐵成金，運去金變鐵！

今午，創棧初期就加棧的鐵桿棧友劉先生來訊，傳送了一位先生的照片，註明他今年虛歲56歲，他問：「請問沈老師，我可以與您討論這個人的相理嗎？」

劉先生是老沈的讀者，他只要有面相的疑惑，都會來訊請益大家砥礪切磋。這回他問：「這男生的相，需要在意哪些問題？」老沈反問：「你的看法呢？」他答：「印堂痣，主肺功能弱，曾患有扁桃腺腫大情事。」我回：「賓果，健康上完全正確，但我可要補充一點，他會乾咳，晚年疾病在心肺的疾症。」

他接著問：「婚姻有問題嗎？」我說：「按印堂痣加上眉毛不秀，眉尾稀疏，眉頭朝上，這樣的神祕十字帶之橫帶區，明顯破陷，對應在婚姻應該是婚姻不美的相理。」他聽完後，笑著說：「他是離了婚。」

劉再問：「那他印堂長痣，右法令靠嘴角下也長了顆明顯的痣，這兩顆痣同時存在，要怎麼的論法？」我再反問：「你的解讀呢？」他說：「我只知道腳踝會受傷，且要忌水。」我追著問：「事業運你沒說到喔！」劉停頓會兒後說：「老師課程教學提到，印堂痣或鼻樑痣，如果法令或顴骨也長痣，事業遇阻，還會有官非訴訟。」我說：「答案正確，但我再補充兩點，一、凡痣低於嘴角水平線，都代表部屬不擁戴，二、為子女操心擔憂。」劉說：「老師厲害，部屬對他真的風評極差。」

對話中，我不知相片是何許人物，但劉先生對他好似瞭若指掌。接著劉如考官似的，再問老沈說：「他今年56歲，可以請問老師他今

年的運勢嗎？」面相講求一分符號，推論一分事，多個符號就能推斷出好幾個事。

相片中的這位先生，額寬鼻子小，更小的是他的嘴巴，嘴巴的寬度不及兩眼瞳孔的垂直線，嘴唇如薄餅，下法令紋斷續不秀，下巴不寬，有著紊亂的水波紋，加上幾顆痘痕。老沈就以這幾個不佳的相理，作分析如下：

一、嘴巴水星偏小，嘴巴偏小晚年挨打無疑，流年56歲至64歲是不吉利的流年，想必他今年56歲開始走晦運。

二、嘴唇很薄是為水星不旺，因此，個性缺水多火，水抑不住火，會沉不住氣而因言惹禍。

三、法令紋路從嘴角以下，斷斷續續，未來事業難以東山再起，晚年恐將無疾而終。

四、下巴不規則的水波紋，又幾顆痘痘痕，未來要面對的是子女的問題。如果，加上他地閣不開，這樣的臆論基本上是成立的。

老沈與雲端生的對話到此，我突然提問：「劉先生，請問這人是你的什麼人啊？」劉先生說：「他是昨天剛辭職的某局長，今天上了媒體新聞的熱門人物。他因私自召開記者會，惹來辭職與花邊新聞，好可惜！」

這時，老沈突然想到就說：「那不就是你的同事嗎？」劉又笑著回說：「是我不同單位的同事，我只想與老師討論他的面相符號，謝謝您精彩的解說！」

面相探索，旨在以個人獨一無二的相理，做出合理的命運判斷！這位局長的起落，如同「運來鐵成金，運去金變鐵！」這變化也未免太大了吧！

嘆！天道不可測，人事難逢迎！從這位丟官局長帽子底下的那張臉看來，他未來的路恐怕是「船上騎馬」了！

第181篇
盼，聞弦歌而知雅意！

今天是平安夜，這讓老沈想英國政治學裡頭的一句話：「英王在倫敦，英國就是平安夜！」

今天的故事就來談談，媽媽在家裡不嘮叨，全家就是平安夜的故事！

前幾天，門生汪先生帶著兩大兩小，專程來訪，老沈一眼見到兩個美麗的小女孩，但眼睛明顯失陷，缺乏童年天真無邪的眼神，回頭並看了門生的夫人，她秀外慧中，有著高寬厚實正的鼻子，惋惜的是，眼神偏弱，不敢正面視瞻著對方一眼，按老沈的經驗解讀，這是缺乏安全感的眼相。

當天進了門，門生也介紹了他媽媽與老沈認識，汪媽媽笑臉迎向老沈直說：「打擾了！」這時，我一面回說「歡迎，歡迎！」卻不改老毛病的，用著銳利的雙眼快速的掃瞄了汪媽媽一眼。

汪媽年約74歲，五官清秀，按說，年輕時應該是個美女，但是眼前的汪媽身材乾瘦不腴，半頭雪白般的枯髮，加上滿面風霜的皺紋，看起來要比一般同年齡的阿婆蒼老許多。就老沈觀相的經驗來說，這樣的面相似乎是被精神生活壓力摧殘出來的。

同時，汪媽嘴唇薄扁，嘴角左下方掛著一顆黑痣。老沈暗自臆忖，眼前這位汪媽，想必是個勞心、勞力，又勞口的哀怨老母親！

言談中，汪媽表情嚴肅，又不時的嘮叨著兩個好動的小孫女，她也以教訓的語氣，糾正著他兒子與媳婦的話題，她的外在行為，看在我的眼裡，似乎貼近老沈先前的暗忖。

這會兒，門生貼耳小聲的說：「老師，我媽媽長期與兩個兒媳婦不合，哥與大嫂已離異，而我老婆也受不了她的碎碎唸，精神壓力很大，您可否藉個理由提點她？」哈！無事不登三寶殿，看來汪生是有

事相求而來的。

　　為配合戲碼的演出，我說：「汪媽媽，妳很福氣，兒媳會帶妳出來遊玩賞景！」她說：「他爸爸生病在家，都由我照顧，今天被兒子拉出來玩，我真放不下心情出遊……。」我說：「兒媳孝順，就是要妳出來放風散心，心情要快樂喔！」她回：「兒媳們都讓我很操心，命苦呢！」

　　兒媳們都讓我很操心，命苦呢！是的，她地閣上的唇下痣，就是為子女操心的痣相，過去操心，現在操心，未來還是會繼續操心……！

　　這回老沈直搗話題：「汪媽媽，妳未免操心太多了，英國有諺語：『女王在倫敦，英國就是平安夜！』，如果妳能保持微笑，妳就是菩薩，菩薩在汪家，汪家每天都是平安日，兒子就有機會升官！」

　　她微笑了，還問了為什麼？老沈說：「汪媽是鎮家女神，主宰著家運，如果妳心情保持快樂，一家人就會跟著快樂，兒子氣色會就會散發出光亮的色澤，兒子氣色好，升官機會就很大呢！」她又笑了：「真的嗎？」我說：「真的！不騙妳！」

　　真的！不騙妳！這回，她又笑得更開心了，我說：「兒子升官要擺桌喔！」她爽快的回答：「好喔！一言為定！」這一幕，讓汪家五個老中少，笑瞇了眼……！

　　聞弦歌而知雅意，不知汪媽聽懂了老沈的弦外之音沒？但願汪生這趟遠行求助沒有白跑；否則，按汪媽的下停與嘮叨的習性，其子女事業的經營恐會倍極辛苦！

第182篇
小心呀！別因色丟官呢！

一失足成千古恨，再回頭已是百年身！

這是一篇悲劇的故事，故事白老鼠是M君，已婚，育一女一男，是老沈的好友，他任職軍方要職，工作能力一把罩，然而31年前仕途正日正當中，卻因桃花婚外情，丟了官，毀了自己的功名前程，真為M君惋惜不已！

話說，30年前的一個週末中午，他驅車來府上邀老沈一同用餐，我們來到餐廳，餐桌上早已坐了位相貌美，但相理不美的妙齡女子，原來她是M君的小蜜。

何以說這位小姐相貌美，相理不美？先說說她相貌美，因為她打扮時髦，濃妝豔抹，帶著幾分女人的嫵媚。至於何以她相理不美？因為她法令紋壓嘴角，不單是一條法令紋壓嘴角，而是二條粗直紋，加上多條的細直紋，分別壓在兩嘴角上，她不笑還好，笑起來神流波泛，眼波如電。相理不美？簡單的說，就是如流鶯之相。

記得那天餐後，M君先載我回到家，再送這位妙齡女郎搭車返回。過些時的某週日，我泡了好茶，去電M君邀他到府聊聊天，一見面我開口就說：「M兄，豔福不淺喔！」M君靦腆地說：「她來找我，我略盡地主之誼……！」我說：「她奸門色紅，你老兄印堂長痘，下巴也長痘，在兄弟我看來，這是當下桃花的面相，可別玩過頭了！」

「明人面前不說假話，中午邀共餐，就是帶來要讓你看看。」M君說。

「這女生眼帶邪氣，站在朋友立場，我勸M兄分手為上策。」我回答。

「你論斷過我，說我一生桃花不斷，還真被你說中……。」M君

說。

「論你桃花不斷，是因為你的眉毛圓弧形，會對異性獻殷勤，又眼睛總是笑瞇瞇，如似勾魂眼，加上鼻樑年壽痣，所以我才說你豔福不淺……！」我回答。

茶敘中，兩人話題離不開這株「桃花」云云……。老沈忠於面相真理，也忠於這份友誼，臨離開前，老沈認真的對M君說：「老兄，得小心呀！別因色丟官呢！」

「老兄，小心別因色丟官！」結果，一語成讖！就在一年半後，M君半夜來電，請求老沈隔天代表他到高雄某地，出席「桃花劫」的談判，電話中我問：「我的權限到哪裡？」M君說：「小孩扶養費上限五十萬……。」我問：「若她要求要結婚呢？或五十萬談不成呢？」M君回：「唉！我現在也拿不定主意，你先幫我擋擋……！」

「你先幫我擋擋！」是的，那天上談判桌，對方已備妥幾位大漢子，要棒打無情郎。老沈幸運，那突來的棍棒，被一位德高望重的耆老擋了下來！

第一回沒談成，事後再談，最後結果是M君丟了官，還賠了他全數的退伍金！

相書說：鼻樑痣主因色損財，因色敗業。這論則完全成立，這是老沈習相以來，第一次的實務驗證，是慘痛的驗證經驗！

第183篇
禍起蕭牆，是怨不得人乎！

什麼叫做遺憾？遺憾不是可以達成的願望而不克達成！

遺憾？遺憾是「鳥飛於上，其慾在下，故死於網；魚潛於下，其慾在上，故死於鉤。」鳥死於網，魚亡於鉤，皆因無常，這才是遺憾！

上篇主角M君的故事，他因色損財，因色敗業，這故事雖事隔30多年，但前天老沈將故事一經發表，卻是引來部分棧友不留情的撻伐，老沈只能說，非涉案情當事人，批判他人之惡倒是義正嚴詞，輕鬆愉快！

一失足成千古恨，再回頭已是百年身！話說M君，也許大家認為他守不住義，守不住節，咎由自取，弄得身敗名裂，這也怨不得他人。

是的，M君禍起蕭牆，是怨不得人乎！但是，如果老沈運用外襲法，來分析這故事，不知大家是否會有另類的看法？

M君育一女一男，貌美的女兒，惋惜的是髮尖沖印堂；兒子則是一臉清秀，但是日角受傷留痕。以外襲法的推論，子女這樣的額頭長相，父母之健康、事業、婚情，三事咎必驗其二乎。

君不見，M君中年桃花被拔官，又賠上全數退伍金，這不是冥冥之中的定數其一嗎？

又，M君那位可憐的私生女嬰，頭髮粗厚，額頭低窄，膚色黑沉，以女嬰這類的長相，她又是何等的無辜，根本毫無選擇的，就被推到這無奈又復雜的世界。如果說，這不是一種解不開的前生今世玄奧，誰又能以科學的實證，說出這件事的因果關係。非婚生子女的無奈，盡用符號密碼隱藏在面相中。

老沈外襲法的運用，不次第的列舉出，父母中停失陷，其子女額

頭必見破損，例如M君鼻樑惡痣，交叉對應在M君兩位婚生子女，與非婚生子女上，也就不南轅北轍了。故，誰又能說，命運不會寫在臉上？

再說，M君的小蜜，眼神流泛，法令多紋，按相書的解讀，她的婚情路途上，會如逆浪行舟，難享正常的婚姻生活。這樣的解讀，又豈是她所願？如果不是，那不幸的桃花劫，怎麼要落在她自己身上？

本命運的探索，不是為好友漂白脫罪，老沈只能說：好友M君或小蜜被一股看不見的命運繩索，緊緊的纏住了！

面相不入流，凡人未出世！因此，在評論M君同時，我們不能以世俗的觀點，去批判允如聖人犯下的卑下情操！除非你我都是完人！不是嗎？

寫完M君的故事，老沈的心得是：人生命運歸命運，在命運旅途上，還得要戒慎恐懼為妙！

第184篇
她人生逃不去的大功課！

面相故事都來自偶然之感悟，稍有靈感就隨時寫出，否則轉瞬消失，殊為可惜！

面相外襲法是命運共同體的辨證，今晚來摘寫一篇，一對優秀夫妻即將發生，可能發生的故事……！

元旦，雲端蔣姐傳來一張她好友的全家福照片，男主人40歲許，外商新貴，個子高瘦，一表人才，屬甲木格局，但美玉瑕疵有二，一是鼻樑見結，二是法令紋多條不秀；至於女主人，年在39歲任職外商高階主管，相貌美麗，賢淑高貴，鼻子隆起厚實，兩顴骨特別突起，

但右法令紋中斷，另一半截法令紋壓住了嘴角。

相片中，二個小男孩臉上洋溢喜悅，眼睛極為扁細，散發出書香門第的氣質，幸福盡寫在他兄弟臉上！

蔣姐問：「沈老師，你看這家子女主人，未來需要注意哪方面問題？」當蔣姐問，女主人需注意哪方面問題？我直覺反應回說：「二次婚姻，腳足健康，以及中年工作變異。流年落在她先生44與45歲間。」蔣姐說：「我略懂紫微斗數，先前我預測她下個運會很旺，但流年44歲許會有個波折，她健康會出現問題。」

她下個運會很旺？按她鼻子隆起厚實，兩顴骨特別突起，是中年大運必佳之相，但對一個已婚生子的女生來說，己身旺與不旺，還得以六親相關人的長相做參數，才不會陷入見樹不見林的窠臼。

因此，電話中我向蔣姐說：「她下個運會很旺，我是持質疑態度，因為鼻子是為配偶座，先生鼻樑結節，對配偶的中年來說，就是個大障礙。」其次，檢視她大兒子額頭，一高一低，且右邊城小傷痕，按這些面相符號，對女主人的將來，都是無形的傷剋，是工作、婚姻，與健康上的傷剋。

面相臆斷是要根據符號推論，符號越多，準度越強。為了準確的預測這則正在發生的案例，我說：「相片中小兒子頭髮蓋住了額頭，但我推測小兒子額頭要有美人尖才對！」

蔣姐在意這位好朋友的健康，所以她立刻求證並回覆：「沈老師，經過求證，她說小兒子是有明顯的髮尖。」不妙！女主人三個主要關鍵人臉上的違章缺陷，一一俱備，看來女主人44歲這一大關卡，不論工作、婚情、與健康，會是她人生逃不去的大功課！

就在今天，蔣姐上傳女主人的個人照片，我說：「妳朋友臉色泛青，青主肝，病症在肝。」蔣姐說：「我近期才知道，她已患了肝臟疾病，我這次與老師對話，旨在用紫微斗數與面相作交互驗證……。」欽哉！蔣姐早已用命盤對女主人健康作出了精準的預測，佩服！

高手在民間，隱士在雲端！小弟我真佩服蔣小姐的先見之明，因為蔣姐就是隱世高手！

老天慈悲，祈願這家子未來的日子，笑容依然天天燦爛，安度他們倆不平靜的中年！

第185篇
妳不當貴婦誰才是貴婦？

閩南諺語：「闊嘴查某呷嫁粧，嫁粧呷完呷田園！」

相書也云：「顴骨長高高，殺夫不用刀！」

這兩句話成立嗎？當然不成立，因為這是封建時代的刻板印象，同時也是對有能力、有才學女性朋友的輕蔑。

故事主角小秀是老沈的同鄉也是學妹，年近六十歲，旅外四十來年，事業有成，是位很優秀、很有能力的傑出學妹。她前些日子偕夫婿開著賓士轎車返鄉，兩家四口，相邀約喝咖啡聊是非，相見歡，老沈一時高興，贈送拙作面相故事與面相答客問兩書。

小秀學妹禮貌性地說：「感謝大哥贈送的好書，我要好好曬讀一番。」我回答：「不成熟且又冷門的著作，還請章大博士匡闕補漏！」她說：「大哥客氣了，您臉書貼文，我都會詳讀瀏覽，論述有據，篇篇精彩！」

論述有據，篇篇精彩！小秀顯然是在向老沈噴香水。接著，她突如其來的開口問：「大哥，您看我的晚運好嗎？」我說：「妳都唸了博士，工作順利，又日進斗金，衣錦還鄉，晚運豈能不好……！」話語未畢，小秀笑了，她說：「我不想要再為人作嫁，打算明年成立自己的公司，您看行嗎？」我回答：「如果小秀不行，那誰行呢？」

如果小秀不行，那誰行呢？衝著這句話，小秀與先生眼珠子睜得亮亮的，等著老沈看論分析與說明。那天，老沈就根據小秀的長相，細說如下：

一、小秀眼珠明亮，眼神和惠，印堂平整寬闊，從兩眼與印堂形成的三角地帶，按面相的解讀，這三角地帶是為人緣點，代表妳一路走來，都能得到貴人的提攜。

二、小秀中年得貴且旺，是因妳的鼻子骨肉相當，在配以高突的顴骨，是為鼻顴相配，又稱龍虎相配，這是領袖格局者之鼻顴相理。

三、面相所謂「鼻顴耳貫氣」主要是看論氣色，過去妳有，現在依然有這麼潔亮的氣色，至於未來，至少二、三年內還不致於變暗。

四、閩南諺語：闊嘴查某呷嫁粧，嫁粧呷完呷田園！我的看法恰好相反。小秀兩嘴角超出眼睛瞳孔垂直線，嘴巴主水星，嘴闊大者流年56至64歲，其運必佳，因此，妳的晚運會比中年運來得更好。妳現在選擇60歲創業，事業的第二春必是開門紅。

五、自己創設公司，需要員工與人才，看論是否有得力部屬，就得從地閣骨為論據。小秀地閣骨城寬骨闊，還有著雙下巴，懸壁兩頤微腴，在在說明妳的晚運會紅不讓。

六、學長我聽聞過上千個女生聲相，凡是晚年榮景依舊之貴婦人家，莫不是一口好聲帶，妳聲音音質特是輕、潤、飄、遠，話語不疾不徐，接話時間恰當，不多嘴又能傾聽，妳不當貴婦誰才是貴婦？

當老沈對小秀說出，明年六十歲創業可行後，一旁的先生插了句說：「老婆開公司，這我可樂了！」我問：「為什麼？」他說：「顴骨長高高，殺夫不用刀！她一忙我們就沒時間吵嘴了，哈哈哈！」老沈回補了句：「顴骨高的老婆就是要走出廚房，職場才是她的沙場，

她就是沙場發號司令的女主帥！」這時，大家哈哈大笑了起來。看來，顴骨高高殺夫不用刀！相書這句話老早該修正了。

中午用餐時，她說：「謝謝大哥幫小妹看相，我會再次去原住民學校捐助十二台捷安特腳踏車！」看相免費？免費的最貴。這回小秀善行支出，少說要花上七、八萬元！

小秀這趟衣錦還鄉，臨別時她感性呢喃說出：「漫漫半生遊子路，最是傷情歸鄉時！」

小秀優秀極了！年少的她選擇負重前行，如今的她終得歲月盡好！老沈有這麼優秀的博士學妹，還真與有榮焉！

誰再說：「闊嘴查某呷嫁粧，嫁粧呷完呷田園！」老沈抗議！

第186篇
看相被白眼的故事！

看相？老沈從不收費，那天只因一句無心之語，被人擠出睥睨的眼光，我心難過！

普天下沒有所謂的贏家，懂得不爭，懂得自悔，才是贏家！我？不想當贏家，只盼無心的一句話，別傷了她的心！

今晚來談一則不愉快的小故事……。

老沈看相數十年的經驗告訴我，對方不問我就不開口，氣氛不對我便選擇沉默。但是，兩年前好友H君偕他表姐妹來訪，相見甚歡，老沈招待他們在半島某美景咖啡廳，一面喝咖啡，一面暢談雲煙往事，話題正興，好友H君向兩位表姐妹說：「沈先生對面相頗有研究，妳們可以請他看相……。」

又來一個，那壺不開提那壺的鳥事！我說「今天不賣酒！」好友

H君強說下，非得要老沈看看他表姐妹不行，為了不讓場面尷尬，老沈便問：「請問兩位女士可行嗎？」兩人都點頭了。

　　既然都同意，我先從臉龐圓潤的表姐說起，說得H君表姐眉開眼笑的說：「沈先生是通靈嗎？好準！」我笑著回應：「我非通靈，是表姐臉上的密碼對我透露的訊息！」

　　接著H君手指指向表妹說：「她呢？」老沈隨口說：「鼻準偏小朝天……。」只見這位外表豔麗的表妹，擠出了白眼，這時，老沈尷尬的選擇了閉嘴。

　　事隔兩年，就在前幾天，再次與H君相邀茶敘，H君提起兩年前的往事，他說：「我表妹對你那句『鼻準偏小朝天』，耿耿於懷，她說要早個三十年知道是朝天鼻，我就隆鼻去，她很在意你那句話。」H君又說：「我也不知道她會生悶氣到現在。」罪過！老沈無心的一句話，竟如利器一般，割傷了他表妹的心，真是罪過！

　　那天茶敘中，H君天真的問道：「鼻準偏小朝天，這休咎要如何看論呢？有請大師開示！」大師開示？H君拱手作揖，他老頑童的個性，展露無遺。

　　老沈回：「開示不敢當，知識交換可以，如果是幫表妹作嫁，我只有選擇沉默喔！」H君說：「我想挖你的油，無關表妹的事。」我回答：「要學習面相可行，有請您這位大老闆聆聽細說！」

　　猶記那天老沈給的細說摘記如下：

一、就健康來說，鼻準頭主腸胃，鼻翼偏窄，兩翼不張，腸胃功能不好，晚年須注意胃腸疾病。

二、鼻主財帛，鼻窄又鼻孔朝天者，財富不豐。

三、鼻窄者患有潔癖，自我要求高，同時也會強勢要求周邊的人；倘鼻孔外露朝天，己身也有天真的一面，所以會產生自我交剋的情緒化問題，常常自生悶氣，通常帶有神經質的個性。

四、鼻窄者，會活在自己的象牙塔內，不擅長交際，所以人際關

係弱，不狐群結黨，獨來獨往，如果膚色特白，這傾向越趨明顯。

五、女生鼻翼對應的生理器官是胸乳，鼻翼大乳房大，反之為小；若女生鼻窄胸乳大，又經常生悶氣，那會是乳癌的高風險一族。

老沈簡單說明後，H君站了起來向老沈敬禮，直說：「準！表妹就是這種個性，腸胃是不好，至於她胸部大或小，我就不知道了……！」

H君表妹胸部偉不偉大，不關老沈的事，我只在意她因一句話，竟然能耿耿於懷了兩年；個性就是命，命運就寫在她臉上，她不當「少奶奶」誰當少奶奶！

香菇，難瘦！這是老沈第四次幫人免費論相，被人白了眼！罪過再添一樁，看來選擇沉默才是金！不是嗎？

第187篇
可憐之人必有可議之處！

上帝只對你微笑一次，當你只會吃、喝、嫖、賭加跳舞，就別怨懟上帝還在人間！

老沈幫人看相從不收費，純是隨興與機緣，如果沒有第三者推薦介紹或牽線，保持緘默是我一向的作風；今天就來說一則，被白眼的看相故事！

本故事主角M君年約69歲，五官分明理應是資深帥哥，但年輕時因放蕩過頭，以致一臉憔悴不堪，乍看猶如八十歲的糟老翁。

自從在朋友家認識M君約近一年許，老沈從未表態說懂得面相方

術，有回就在朋友的聚餐上，正當酒酣耳熱下，朋友開口幫M君求相，為避免拒絕說出「不」字，傷及大家餐敘的雅興，我先問了M君行否？M君隨口說：「說來聽聽看！」

在眾人場合裡只要開口論相，就得立刻開獎一見真章，馬虎不得，所以，老沈眼睛就朝M君臉上，仔細掃瞄一番，這麼一瞧後我心裡底案浮現，這底案約略如下幾端：

一、一頭亂髮蓋住額頭，鬢毛不修遮蔽耳風門，主訊息不正確，而決策錯誤。

二、鼻毛金槍外露，鬍鬚如亂草，不修門面邊幅，主生活散漫不嚴謹，做事得過且過。

三、印堂有著不規則亂紋，眉毛雖揚起，但眉尾散亂，主年輕風光得志，但因個性與情緒不穩定，事業曇花一現，健康上潛藏著心臟疾病。

四、奸門幾個痘疤痕，魚尾紋又亂又深，主男女情感雜亂，婚姻起勃谿。

五、眼珠烏濁，藍環圈住黑眼球，主財務不佳，生活壓力大，作息不正常。

六、鼻樑起伏，右顴骨傷疤，主流年45至50歲遇到事業大挫敗。

七、法令紋斷續，兩懸壁凹陷不起，主事業多變，晚年孤獨無依。

八、耳朵多條皺褶斜紋，下耳垂明顯浮現青筋，主心血管硬化，隨時有心臟病變風險。

九、命門有著數不清的細直紋，主腎氣將枯。

十、老臉無光，氣色黯晦如鍋底卡了污垢，主居家環境髒亂，某種層面來說是陽宅帶陰氣。

從上列十項相理符號作論，可以大膽推論，他51歲前十足是個玩世不恭的爺們，但晚年卻得要面對潦倒落魄，孤獨病終。

面對眼前曾經風光過的老闆，現在卻是潦倒的老頭子，叫老沈要

從何啟口開論，深怕開論會傷到M君的自尊心。

開論了！當老沈一開口說：「M君45歲前風光，可喜可賀，但流年47歲遇到損友，權與錢雙雙折損，事業因此遭受大挫敗……！」話未落地，M君臉色一變，瞪著白眼大聲說道：「47歲不對，我是在49歲傾家蕩產的……！」尷尬，這時場面安靜得只聽到落山風咻咻咻的聲音。

尷尬！這是老沈無償幫人看相，第五次遭人白眼，且是首次在眾目睽睽下，被M君當面吐槽！真他奶奶的兇！

朋友見狀打圓場說道：「沈兄說的也沒錯啊！如果沒有47歲決策錯誤的前因，哪來49歲財產一夕之間歸零的後果！」

一語點醒夢中人！這會兒M君才說：「我只有初中畢業，老婆大學畢業，娘家是新北市某區一方財主，結婚時陪嫁一棟透天樓房，在我事業風光時曾擁有多棟房產，但因吃喝玩樂習性與老婆離了婚，過著自我逍遙的日子，後來在45歲遇上損友，49歲那年事業就大敗，全部家產一夕間歸零，不得已下我選擇返鄉……。」他一副失落的樣子，吐出了心中塊磊。

唉！爛好人當不得，其實，老沈見M君他的心臟血管問題已是十分嚴重，我最想要點撥指迷的是，要他特別注意心臟健康問題，但因M君方才一個白眼相向，老沈只好選擇保持緘默，再也不多話，只是心裡暗嘆，可憐之人必有可議之處，我就不再浪費口舌了！

巧！事隔幾天，朋友說他中風倒地，那天若沒朋友即時搭救送醫，M君若死在草寮屋裡，也沒人會知道！

上帝還在人間！上帝對吃、喝、嫖、賭加跳舞的人，會自有安排吧！

第188篇
成功者總在靜默中偉大！

　　飢餓的人，腦筋特別清楚。但如果妳已是個飢餓的生意人，卻讓客戶不討喜，那說明妳還沒有脫貧致富的準備！

　　又，水因善下終歸海，山不爭高自成峰。成功者，總在靜默中偉大！

　　今天是大年初一，陪同親戚逛某鄉福安宮大廟，順便逛逛路邊商攤，親戚隨口問一家攤商女老闆：「小姐，這鹹蛋怎麼賣？」面無喜色的老闆回：「14顆一百元。」親戚再問了句：「可以多一顆，15顆一百嗎？……。」話語未完，只見女老闆直嗆：「要15顆一百的，你就去別攤買好了，……。」哇！她與自己的口袋還真的結了仇！

　　老沈看在眼裡，迅速對這位如吃了辣椒的女老闆多看了幾眼。心裡直揣測著，這女人這兒擺攤是來賺錢維生，還是來當少奶奶來的？怎麼脾氣這麼的衝！

　　老沈與親友便轉身離去，一路上，老沈對親友就這位辣椒女老闆的相理，做了分析與描述：

一、一頭梳理不是很整齊的頭髮，壓蓋了額頭印堂；印堂是人緣點，宜光整不宜遮蓋，印堂遮蓋會蓋掉貴人緣，同時，會蓋掉自己的事業運，如果能把頭髮梳理整齊，就有助於小生意的發展。

二、眉毛不聚，眉尾疏散。蓋眉尾稀疏尾散者，是來自於父母情緒不穩，且有酗酒習性的家庭，這種眉相者，個性不穩定是其特性，如果能認識自己，改變自己，有助於大發利市，可惜，並沒有人來點撥指點迷津，或者，她根本聽不到諍言。

三、鼻樑凹陷不起，兩顴骨卻是橫張不隱。女鼻子不起，先生事業多波折，更進一步的解讀，先生毫無經濟與社會地位；

又，女生顴骨橫張好勝不服輸，會對先生精神虐殺，引發婚姻不愉悅。如果這種情況不改善，又豈有家和萬事興的好景象。

四、重之中重者，這老闆門牙微露，是標準火形口，這般的嘴型說話心直口快，雖不具城府心機，但常因言惹禍，會傷人於無形而不自知。看她剛剛的買賣對話，還真獨眼龍看世界，一目瞭然！

五、氣色黯淡不清朗；如果說，骨相主一生榮枯，氣色宰一時休咎，那麼依她的氣色，可以斷定的是，目前她遇上財困，同時，也是家庭不和睦的現象。

親戚心地仁慈，經老沈這樣一說，他拉著我的手轉頭回到攤位，笑著二話不說：「老闆娘，剛才我試吃妳的鹹蛋真的很好吃，來！給我包個六百塊錢的鹹鴨蛋，四百塊的皮蛋！祝妳牛年發大財喔！」這時，老闆娘笑了，微笑的容貌竟是那麼的祥和，與方才的態度竟是判若兩人！

這一幕好生感動！親戚的突如其來善心義行，在不傷和氣下，為這趟拜大廟祈小福，劃下了美好的句點！

世上沒有不開心而氣色是亮的，至於氣色要好，惟有開心才是重要途徑！開不開心只在一念之間，開放一點，簡單一點，單純一點，集滿三點，會開心一輩子！

探究這位親戚事業有成，他氣色常保明亮，姿態擺得很低，何不就是個一念之間的開心了得！心寬者益，心隘者困。這回，老沈可學習受教了！

第189篇
兩顆痣的故事！

　　生活是門藝術，面對生活，相信大家都有能力選擇更好的版本！

　　大年初二，資深鐵粉J小姐來電拜年，還說：「最近與公公處不來，不知要如何是好？」我問：「看妳就是個孝媳，怎麼公公會對妳有微詞呢？」J小姐說：「可能是他心情不好吧！」

　　心情不好？我說：「按妳先生年齡回推，妳公公應該有八十多歲了，對嗎？」J小姐回答：「是啊！」我說：「都八十多歲的老人家了，還有雜事煩心擔憂嗎？」

　　雜事煩心擔憂嗎？還真一語中的，J小姐回說：「大娘姑的先生一事無成，前些年病歿，大娘姑帶就著三個不大不小的兒女，回娘家長住，大娘姑沒一技之長，生活開銷全由公公接濟；又，公公年老了，心裡直想把祖先留下的房產，趕在有生之年辦妥分割，完成過戶繼承，未料他弟弟現地占有，硬是不配合分割，兄弟鬩牆……。」

　　面相好好玩！當J小姐說出他公公的心事，老沈打住了她的話題，抓著機會直接追問：「J小姐我可以冒昧問妳公公的相理嗎？」她回：「可以呀！」我說：「妳公公下巴有水波紋，地閣右邊長了顆黑痣；又，他的眉尾稀疏，左眉也有一顆黑痣，對嗎？」J小姐驚訝地說：「老師真厲害，聽我這麼一說，就能精準地說出公公臉上唯二的兩顆痣與部位，這面相未免也太神奇了吧！」

　　面相是門神奇的古文化，它可以從臉上符號特徵，推論所謂命運曲線的演繹路徑。同時，也可以藉由生命中幾件事情的過程，指出當事人臉上五官相理，以及面相的特殊符號。

　　說到這兒，老沈就對J小姐說：「公公地閣右邊的痣，主為女兒操心擔憂，不可避免的，對媳婦多多少少也會挑剔或誤會，還好妳是個孝媳，從不與他頂嘴。又，他下巴有著幾道水波紋，代表晚年難享

愉悅的精神生活，妳是孝媳，就得帶引先生與小孩去取樂於他老人家，這是你們的功課！」

此外，按 J 小姐公公的下巴痣與眉上痣，要防範跌倒，一跌倒，受傷的就是腳足和手臂。至於祖產分割，恐怕是無解，其原因有二：

一、公公眉尾稀疏且左眉長痣，意味他兄弟事業無成，手足會為爭家產而產生嫌隙。

二、公公下巴這顆痣，是為房產興訟的表徵；如果，再配以他下停的水波紋來看，會為身後留下遺憾。

聽我這麼一說，J 小姐激動的說：「沈老師，去年您幫我兒子點撥指點迷津，現在為我解惑，我知道怎麼做了，很感謝您；我現在才知道，為什麼那麼多人要找您看相！」

生活是門藝術，快樂喜悅才是我們追求的目標，相信孝媳如 J 小姐者，有能力選擇更好的生活版本！

最後謝謝 J 小姐，同意老沈寫出這則面相故事。祝妳新年快樂、心想事成！

第190篇
神光照鼻顴是發財的外徵！

糜飯助人元氣，金錢使人快樂！
快樂又有錢的人，臉上總是泛出耀亮的光芒！

前些日子，拜訪了表妹，表妹鄰居阿良夫妻是表妹家的常客，與老沈也是相識十多年的好朋友。那天，阿良伉儷倆知道老沈到訪，特別到表妹家一起泡茶聊天！

茶敘中，老沈發覺阿良夫妻倆，滿面紫氣發出熠熠照人的亮光。這時，我這個非典型的面相研究者，抓住機會問了阿良說：「最近發了財喔！」阿良回：「沒有啦！小生意哪會發財？」我說：「是發大財，是發一筆不小的大財……！」

　　有趣！表妹開口接腔：「表哥，你真的名不虛傳，阿良最近是賺了一筆錢，多少我是不知道。」在旁的阿良太太微笑的補了句：「表哥，我好奇的是，你是怎麼看的？」表妹跟著起鬨：「有請沈老師開講！」我樂了回說：「一杯水就要開講？」這會，在旁的表妹婿站了起來，拿來了一瓶洋酒說道：「你們都不知道表哥的『窟勢』（按；嗜好），倒一杯他就會芝麻開門了！」哈！還是表妹婿最懂我的心！

　　喝了一杯好茶，品上一口好酒後開講了：

一、糜飯助人元氣，金錢使人快樂。快樂會讓人臉上氣色發亮，快樂的底層得要有雄厚的物質條件支撐，否則怎麼會快樂得來，氣色怎又能明亮又有光澤。

二、四個月前我來這裡，你們夫妻倆氣色一般般，但是今天你倆的氣色，竟然大放光明似的，亮得發紫；這樣的紫氣色是陞官晉爵的徵兆，阿良不當官，是做稀有材料技術買賣，那當然是要朝事業興隆去推定。

三、阿良眼睛扁細小，但珠睛含藏如深潭，發出如是真光的眼神，這眼神照亮了鼻顴，相書說：「神光照鼻顴，主發旺發貴。」這已是面相的鐵則定律，所以，阿良當下不發旺，我會把那些相書給燒了。

四、女生印堂是先生事業的戰場，如果，女生的印堂開敞，氣色耀亮照人，代表先生在事業戰場上，無堅不摧，戰無不勝。所以，從阿良太太的印堂相理來驗證，此時，先生正在行大運中，不是嗎？

　　說到這裡，阿良笑容燦爛的幫我斟了酒，說道：「謝謝大師開金口，最近工作上是蠻順利的，錢嘛！是小賺幾百萬而已……！來！我

敬沈大師一杯！」當下，我裝得正經八百的回說：「等等！大師長，大師短的，我不喜歡稱大師，叫『老沈』我就喝了！」

這時氣氛高漲，他們一夥人竟異口同聲：「謝謝不是王祿仔的老沈……！」在眾生喧嘩下，結束了那晚的老沈開講！

「神光照鼻顴，主發旺發貴。」是相書的鐵則定律，它再次得到了驗證。據說，神光照鼻顴的阿良，這回的大發旺足以買下一棟帝寶豪宅呢！

第191篇
官祿宮冒青筋不是好事！

面相探索或看論，無不是從臉上的符號按相理分析去開根號，而求得所謂命運的答案！

半年前，門生提供了一張友人的夫妻相片，在電話中討論著男主角額頭的青氣色符號，這青氣色是從何而來？又，它會把他所謂的命運帶往何處？包括相關親人的現在與未來如何？

因為這道面相習題，很有討論的空間與價值，所以，老沈便先測試門生，請他對額頭幾處的青氣色提出見解。

他說：「回老師，青氣色是從眉毛上方外福德部位，牽引至山林、驛馬，外福德泛青主錢財損失，意味近半年內他會遭受損財。」我回應：「說得好，那你對山林、驛馬青色的看法呢？」他說：「我只知道不適合出外旅遊，出外旅遊不吉利。」我回答：「有概念，但答案不完整，你再想想有哪些其它事咎？」

在老沈引導下，他回答：「山林、驛馬是遷移宮，除了父母健康堪憂，不宜出遠門，應該還有不宜合夥投資與借貸，是嗎？」我說：

「標準答案！」

　　我再問門生：「青氣色也落在上停司空、中正部位，這點你有哪些看論？」門生說：「青主驚憂，司空、中正主事業宮，換言之，他的工作遇上瓶頸，當下處於煩惱的境地。」話說完，我樂著說：「正確，但你有看到印堂幾顆赤紅的痘痘嗎？看相要注意臉上每個細節，避免只見山，不見林。」我再次引導著他。

　　門生說：「哇！謝謝老師傾囊相授，沒有老師點出印堂赤痘，我還只停留在青氣色上遶圈子！」我回問：「來！說說印堂痘痘的休咎與分析。」他答：「印堂是神祕十字帶的交匯點，這痘痘主當下與人有是非爭鬥，如果，加上額中事業宮的青氣一起看論，此刻，他應是有官司訴訟，且會是敗訴收場，對嗎？」聽門生的回答，老沈笑了：「優秀！你太優秀了！這才是重點所在，也是你朋友當下的難題！」門生高興的回道：「謝謝老師點撥，當您的學生真好！」

　　面相好好玩！它可以由一個點，演繹出多個點，再從多個點歸納出所謂的吉凶福禍、貧富顯愚等等。

　　為讓門生更深入瞭解相學的深奧精微，老沈要他運用外襲法去反推，他朋友老婆、子女對應部位的相理，他想了一會，說：「老婆時年44、45歲鼻樑是低陷了點，女兒額頭則特高且寬，還有著美人尖，這是傷剋父母之相，老婆與女兒的相理對應，盡落在老師教的外襲法落點中！」完美，回說得真好！

　　當下命運就寫在氣色裡！面相有物有則，物則相應，福禍無門，皆由己招！那股青氣色就是，心理與生理交會運作的反射，它主宰著當下命運的休咎！至於，印堂赤痘痘為何而生？老沈賣個關子，就不分說了！

第192篇

魚尾橫長，只會牛棚內鬥牛母！

　　長江船隻來來往往，川流不息，其實，只有兩條船，一條是名船，一艘是利船！

　　人生各有所好，有人樂於仕途求官，有人志在寧靜平安，而有人卻是風流倜儻、陶醉在溫柔鄉……，真是不一而足！

　　看相說故事，今晚來談一則學生的案例分享。

　　Z君是老沈眾多學生中的佼佼者，面相學習下了不少功夫，非但已能獨立論相，甚至是開班授課，或設館擺硯的位階，堪稱是優等生中的特優生！

　　飲水思源！每年的教師節，Z君他總會找不侫老沈慶祝節日。今年也不意外，他登門謝師慶節，並分享了一則他看相的故事。

　　Z君說：「朋友託我看相，照片中是位近六十來歲的先生。」我問：「你幫忙看了沒？」Z君回答說：「因為是朋友要合夥的對象，我幫忙看了。」

　　Z君說道：「是合夥對象，所以我的重點擺在眼睛、鼻顴、法令紋、下停，以及財力與個性僻好。」我嗯了聲說：「方向正確，我想聽你的看論分析。」

　　這時，他娓娓道來，說出合夥對象的相理和分析如下：

一、合夥對象眼神銳利，視瞻力強，十分有神，一看就知道是精明練達的高階管理者。

二、鼻子高、寬、厚、實、正，兩顴骨突出，鼻顴相輔，龍虎相配的相格，主中年大發，我對朋友說：「這位先生經濟財力十分雄厚。」朋友說：「財力的確雄厚。」

三、法令紋相理達標，寬、深、秀、長，惟獨法令外側兩邊金縷部位出現不規則的亂紋，我向朋友分析，這金縷紋是扣分

的，流年67、68歲健康會亮紅燈，當然也會傷及合夥事業的運作，我向朋友進言，提早要做心理準備有拆夥的可能。

四、他嘴型是四方口，且下巴寬厚，地閣骨朝中土，這位先生對朋友或下屬包容力很大，是位有修養的長者，晚年財務運作佳好。

五、光憑這幾點來說，他是個很好的合作對象，我說：「這是你的好機會，一起合作個七、八年是沒問題的。」朋友回說：「我知道怎麼決策了，謝謝！」

六、我問朋友想知道這位中古先生的個性僻好嗎？朋友說：「好啊！」我說：「從照片中看，他的魚尾紋很雜亂，幾條紋路朝向天倉，有兩三條橫向紋劃破了奸門，又有幾條深細不一的紋路，貼到顴骨外側。」朋友好奇的問：「這是代表什麼？」我笑著說：「我分項說明分析。」

　　1.朝向往天倉的魚尾紋，代表能獲得太太娘家的祖產。」朋友說「老婆往生了，他是繼承了女方家一筆不小的土地。」

　　2.兩三條橫長的魚尾紋劃破奸門，這是「牛棚內鬥牛母」的外徵，意味平時對老婆很兇，對但外頭的女生則是大獻殷勤；朋友笑著回說：「你說的很準喔！」

　　3.幾條深細不一的魚尾紋，貼到顴骨外側，這是風流的表徵，換句話說，異性緣特好，地下情人多。有趣，這回朋友笑而不答，只比出一個讚的大拇指。

　　薪火相傳，相界之星！聽到學生這麼精闢的分析，不佞老沈樂了、也笑了，竊喜的也比出大讚說：「這是教師節的最佳禮物！你不愧是老沈的特優秀門生！」它日，老沈必會以Z君為榮！

　　這是則很棒的故事分享！悅！

第193篇
小姑娘，妳是做啥行來的？

快樂！是每個人心底的一口永不乾涸的活泉，流出的水越多，被舀走越多，它越不止盡的湧出，越湧泉越有活力，越有活力越是快樂。它會形成生命的磁場，可以吸引與你自已同樣快樂特質的人，在適當的時候，適當的地方相遇！

過年小女上海來訊，給分享了一則看相的故事，她說昨天晚上搭滴滴車回住家，快到小住區前，她向司機說：「師傅，因疫情管制，小社區管理員會盤問住家號碼，您就告訴他66號3樓。」

滴滴車來到社區門口，管理員攔車問道：「請問住幾號樓？」師傅大聲回：「我載的是領導！」一聽是領導，管理員立刻放行。

到達家門小女大笑了，她對司機說：「師傅，您也太行了，還真幽默！」司機回說：「我想當老闆，就要學會機智且幽默。」接著問小女：「妳看我是老闆的料子嗎？」有趣，小女說：「您沒把口罩摘下來，我怎麼知道您是不是老闆的料子。」

司機摘下了口罩，露出了全貌，小女見他鼻準豐隆，但年壽長了顆大黑痣，又眉尾疏散不聚，便開口對司機說：「依我看，師傅您幹幕僚肯定要比當老闆還好。」司機問：「怎麼說？」小女告訴他：「您賺錢存不住，都讓別人給花了。」話畢，司機笑著：「真讓妳給說中了，我老是被倒債。」小女又問：「您貴庚？」司機回答：「我都快四十歲了。」小女說道：「您還是當幕僚好了，錢不好掙，掙來的錢要好好管理，千萬別借人或投資，否則44、45歲那兩年，您會來不及後悔喔！」接續說：「我說到這裡，只見司機兩眼直瞪，張嘴發呆了……！」

小女接著說：「老爸，您知道嗎？那位司機聽我這麼一說，頓時間發呆又發愣了，他很驚訝的問我『小姑娘，妳還真行，倒底是做啥

行來的？」爸爸，您說好玩嗎？」我說：「妳是怎麼回他的？」小女回說：「我告訴他，我是上海○○教育機構老師。司機更訝異的說『那是全國頂尖才藝教育機構，妳才幾歲就當那機構老師？』我就回說，姑娘我三十有找！」哈！回得妙！

說到這裡，小女得意洋洋的笑著說道：「阿爸，那司機送我下車時，一直要我的電話，還說要請我吃飯，我沒給電話最後還告訴他，要小心桃花！」

厲害了，沈姑娘！那天，當分享了這則有趣的故事，老沈樂不可支，直對著視訊鏡頭說：「沈小姐，看來妳可以改行當仙姑了！」一向快樂的小女，哈哈大笑著回道：「小女子向老沈學習來囉！哈！哈！哈！」

老沈那上輩子的情人，真的很快樂，我們在適當的時候，適當的地方，適當的話題，又相遇了……！

第194篇
牝雞的悲歌！

如果說，眼睛會說話，眼睛是靈魂之窗，那麼帽子底下的那張面孔，就是所謂命運的儀表板！

過年前後，頗富盛名的海外面相研究學者B君，多次視頻與老沈討論切磋一位41歲女士的相理，B君說：「這位女士正在打離婚官司。老師，你看她婚情不好的相理在哪裡嗎？」

老沈端詳這女士照片後，回說：「她婚情不美，符號就寫在神祕十字帶區。」B先生問：「可以聽聽你的看法嗎？」

老沈當下指出幾點相理分析說明如下：

一、從額頭來看，額頭有著懸天骨，寬突又亮，髮不遮額，這是照夫鏡的相局，意味女生個性強勢，遮蔽了先生的光彩，對先生不知退讓。

二、印堂當陽一顆明顯的痘疤痕，這痘痕是負擔家庭、以及負擔家族重任的表徵；同時，又不能得到先生的憐愛疼惜，她暗自哀傷又有幾人知道。

三、兩眼睛不處同一水平線上，從相片上看應是割雙眼皮造成的高低眼形，這才是影響夫妻情感的重要因素。從這裡推論，流年37、38歲夫妻已鬧得不可開交。

四、她之嘴唇尖凸如吹火口，說起話來想必是急而且躁、咄咄逼人、得理不饒人，對婚姻來說會傷夫於無形。

老沈就以這幾點對B君說明分析，B君直說：「老師分析得很到位，她的確如你說的，很辛苦但也很強勢，從37、38歲吵到現在。她的顴骨特別凸又大，我想這樣的顴骨對婚姻會造成很大的傷害對吧！」老沈回答：「顴骨高高，殺夫不用刀。精神上她會心理殺夫，這心理殺夫指的是，喜歡拿他人的成就來比先生的不足，比久了，先生長期受到精神上壓力或傷害，當然會失去自尊而傷剋情感。」

B君再問：「那依你看，這場離婚官司會贏嗎？我想聽聽你的看法？」老沈回道：「印堂痘痕主28歲，銜接山根是41歲，這女士今年虛歲41歲，且額頭山林、驛馬氣色黯，我的看法她勝訴的機會不大。」B君說：「我明白了，謝謝老師！」在相互拜年下，結束了視頻對話。

嘆！凡是個性陽剛的女生，婚姻少有是幸福的！老沈再次見聞了牝雞的悲歌！

第195篇
命運就寫在帽子底下那張臉上！

　　能力並不代表幸福，懂得退讓才是贏家；女人，妳的名字叫溫柔，懂得溫柔才能擁有幸福！

　　老沈再來續說，牝雞未了的悲歌！

　　與B君視頻翌日，B君再度提起這位女士的情況，說：「這位女生額頭特別高寬突起，她父母離婚且都早死，這是傷剋父母的額頭相，對吧？」我回答：「面相要求的相理，在乎中正兩字，過與不及都不是好的額相，尤其是女生。」B君問：「為什麼女生額頭特別高寬突會傷剋父母？」我回答：「所謂：男重天庭，女重地閣，額主火，女生額頭特別寬突，違反陰陽相稱的道理，因此，她年輕就得揹負許多重任，包括與父母情緣淡薄無依。」

　　對話中，B君問：「老師，我好奇的是，你是怎麼看出她先生體弱多病，能力平庸？」當下，老沈不保留的分享我的看法如后：

一、女生額頭過於寬大者，自我意識很強，先生很難有出頭的機會。

二、女生印堂當陽水痘痕者，先生能力平庸，缺乏責任感，所以女方要擔負家計責任。

三、這位女仕顴骨特是橫張，兩塊顴骨高過鼻準，非但精神殺夫還會生理殺夫。所謂生理殺夫指的是，她精力旺盛，有消耗不完的體力，所以她會是個「夜夜磨刀的女人」，試問，幾個男人那堪如此這般折騰，所以從這裡去推測先生的健康堪虞。

四、女生嘴尖吹火口者，色屬內荏，口無遮攔，會對先生喋喋不休，先生不得心臟病才怪呢？

　　B君聽完恍然大悟說道：「我明白了！」接著問：「那麼她沒有

子息，我認為是她臥蠶浮腫以及人中偏短缺乏溝渠有關，對否？」我說：「論點正確。」

B君再問：「相書說，哨牙（按：微暴牙）的人適合從事用嘴巴謀生，如銷售、旅遊行業，你的看法呢？」我回答：「她是個好的管理人才，是可以靠嘴巴吃飯，但是如果個性稍作改變，話說得少一點，語速放緩些，她會是個業務高手。」有趣！這位海外學者回說，下回有機會我會告訴她！

世界上未開發的土地，不在非州，而是在帽子底下的那張臉上，因為這張臉孔，隱藏著無數命運的密碼，等著我們去開發！

第196篇
姐，妳懷孕了！

婚姻不是兒戲，如果妳不滿意這個婚姻，妳就得承認過去的錯誤決定！

龍生龍，鳳生鳳，老鼠的兒子會打洞！小女生性活潑好問，自小就跟著老沈學習面相，耳濡目染，興趣高昂，面相知識已稍具底子，閒來無事也會扮演仙姑幫同儕看相，還當起生命線張老師！

她在上海唸研究所，去年因新冠肺炎疫情滯留台灣多時，父女情深，每天膩在一起，話題無所不談，有天她提起了一則看相的故事，她說：「老爸，我記得您說過，女生眼袋微微浮腫，眼珠噙水，是懷孕的外徵，對嗎？」我問：「妳驗證到懷孕相了嗎？」小女說：「阿爸老師，我在上海一位室友，她眼袋微微浮腫，眼珠水分多了些，我問她：『姐，妳懷孕了？』室友她以驚訝的眼神反問我：『我又沒告訴人家，妳是怎麼知道的？』」

小女接著說：「阿爸老師，我還試著問她，是否墮胎過？」我問：「妳這墮胎的論點是看哪兒？」小女得意的笑著回道：「我是看她白眼球裡，有鮮紅的血暈，人中有個小疵痕。」我再問：「室友又怎麼回答妳的問題？」這回，「十金少一撇」的小女說：「室友睜著眼睛打量著我回答說：『這是我的祕密，從不跟人提起，妳真神是怎麼看的？』」

　　厲害了沈小姐！兩句話就觸動了室友不為人知的內心之痛！小女說：「室友含著淚眼說到，她離婚時懷了小孩，為不想讓小生命受罪，所以墮了胎，這回遇上的男人也不是良人，我也打算打掉這個胎兒，說到傷心處，她眼淚嘩啦的潰堤……。」

　　這時，小女沒大沒小的再問：「阿爸，我室友人長得很漂亮，但是額頭有美人尖，眼睛濁黯不清，又有多條法令紋，紋路明顯壓住了嘴角，她是不是您說的難享正常婚姻的相局？」

　　這回換老沈樂得說道：「答對了，優秀啊！妳還真的是懂面相的眉角了！」小女俏皮的回道：「哈哈哈！誰教我爸是老沈……！」

　　老沈乘興再問：「妳把室友弄哭了，有給心理建設嗎？」小女鏗鏘有力的說：「有啊！」

　　小女給了室友心理輔導說：

　　最完美的愛情在小說裡，最浪漫的婚姻在夢境裡。婚姻不是兒戲，如果妳不滿意這二次的婚情，妳就得承認以前錯誤的決定，別再重複陷入愛情的泥淖中！

　　優秀！好一個沈仙姑，好一個張老師！

第197篇
用面相點破迷途君子！

面相好好玩！藉由面相，可點破迷途君子，又能指引久困英雄！

老沈面相故事曾寫過「鼻子是配偶運的指標所在！」那年，點撥了一對周君夫婦……。（註：面相故事第一集第20篇）

就在今天！故事男主角遠從台南來到恆春，攜帶一瓶頂級好酒，專程來拜訪老沈，周君見到老沈，深深一鞠躬說道：「老師，我特地來向您答謝！」我說：「我又沒幫過你忙，答謝啥？」

周君歡心的說：「沈老師您忘了七年前，在姜董辦公室裡幫我看相指點迷津的事嗎？」這時，忽然想起，我是曾幫他看過相，還記得周君一一對號入座後，且立刻打電話叫老婆來見我，看完相後他捐米去了，而我則是寫下了第20篇的看相故事。

回憶當年場景，那年周君49歲，人生迷航了，他問幾時才會順暢，老沈是給周君在流年51歲後，會發貴發旺的臆斷；還有，建議他多拉單槓，調整脊椎側彎，就能調正歪斜的鼻樑，鼻樑正了，家庭就會和樂。

周君笑著說：「我49歲那年遇到老師，您是我的大貴人，我按老師給的指示，每天拉單槓，兩年後我發現脊椎不酸痛了，更奇妙的是，原本歪斜的鼻子變正了！」我高興的說道：「所以你自51歲後工作事業漸入佳境，家庭相對也和樂了，對嗎？」

周君喝口咖啡後，答說：「當初，我夫婦有幸讓您看相指點迷津後，夫妻關係改善了，我在51歲冬至後工作邁入佳境，這幾年從事房地產仲介，屢創佳機，累積了一些錢要買房子，才讓我想起您這位大貴人。所以今天特地要來謝謝老師！」我笑著回答：「哈！你是迷途君子，久困英雄，我只是路邊的鼓掌者，喚醒久困的你罷了！」

說著說著，周君手機響起，是周太太來電，他把手機遞給了老

面相故事 192
第二集

沈，周太太說：「要向老師道謝，您點醒了我先生，感恩不盡！」我回道：「你們夫妻的成功，是因為自己願意改變，真為你們高興，要再乘勝加油喔！」哈！良言一句三冬暖，老沈藉機又吐了一朵蓮花！

認識自己，改變自己，就是所謂的自我造運，周君夫妻做到了！

慚愧！老沈自吹自擂，既賣瓜又自誇，看來今晚是周君的好酒，讓我貪杯了……！醉過！罪過！

第198篇
歹運只因鼻樑那一道橫痕！

不諳面相者，對相術批判如汪洋恣意，貫通相術者，則能一窺相術之博大精深！命運造化弄人，鼻樑那道橫紋，竟能劃出一生的命運曲線圖！

「保」字就是個呆人！多少償還債務的人，何不就是當保證人而來！

寫這篇故事，心情格外沉重，因為L君是老沈的學生也是好友，相知相惜十七年了，記得L君跟老沈學相時，鼻樑壽上就出現了一條橫紋，就在面相學習結束期末聚餐與心得分享時，他私下問：「老師，你看我鼻樑壽上這條橫紋，它象徵的吉凶休咎要如何解讀？」

就面相來說，鼻子主財帛宮，鼻樑的五官對穴除了心臟、肝臟、脾胃外，它還是脊椎運作功能的外顯；此外，鼻子是配偶際遇與心情的儀表板，當然，還可以解說到有關疾厄方面的問題等等。

依上所述，對學生L君的問題，老沈對他做了詳細說明與分析：

一、五官與五臟互為表裡，鼻樑橫紋多數都會長在山根部位，主　心臟疾症，但壽上橫紋是較為少見，是很特別的違章建築。

二、鼻樑壽上橫紋，不同於蟹爪紋，也異於內斜的虛花紋，所以這橫紋是脊椎三分之二處，因長期坐姿不良，脊椎擠壓下所出現的橫紋。

三、壽上橫紋出現，生理的反射就是腰酸背痛，若不做整椎復健或拉單槓，脊椎依然會側彎酸痛，且這橫紋也不會消失。

四、就財帛事業而言，脊椎側彎且橫紋壓壽上，流年45歲時事業遇上大風浪，這是損財的符號，希望我是失準的。

五、鼻子是配偶座，凡鼻子破陷如你者，老婆精神生活壓力大，迭有怨言。

驚訝！當老沈私下指出L君鼻樑橫紋後，L君瞠目結舌地說：「太有料了，佩服！難怪台南救國團的工作人員，都說你是超人氣老師！」

接著L君一一對號入座，他說道：「一、我是有脊椎酸痛的暗疾，二、我這紋路約是43歲長出來的，44歲時為朋友擔保，結果很慘，朋友公司倒閉了，因我是擔保人喪失先訴抗辯權，一夕間財產歸零，還連累了老婆，三、老婆被連累了，我只好一切聽命於老婆。」L君還補了句：「經老師這麼一說，我總算體會到，命運就寫在臉上這句話的真諦！」

命運就寫在臉上！當L君道出心中塊磊後，老沈才醒悟以前民法老師說的，呆人才去當保！

屋漏偏逢連夜雨！L君於前陣子去動了脊椎手術，結果第一刀失敗，再開了第二刀，那天去探問如棣L君，他掉下了男人珍貴的眼淚，還說出感傷的話「這兩刀，已花掉我畢生的積蓄……。」

難過！命運作弄人，一道鼻樑橫紋精準的描繪出，L君的命運曲線圖！

時也！命也！此刻寫出經L君同意的故事，老沈心頭頓時一陣辛酸，只能安慰L君「下巴很飽滿寬闊的您，明天會更好！敬祝吾兄 早日康復！」

第199篇
一句話，老沈嚇到網紅人師！

　　如果要說看相是種偶然的判斷，倒也未必，比如說，因一句話讓人瞬間改變氣色，它不僅是偶然，還有生心理反射的必然！

　　老沈看相說故事，過去都著墨在五官符號對應休咎的推斷，少有對氣色的刻劃。

　　本篇故事來談一則有關氣色的解讀。

　　Y君是命理界的紅人，過去曾是老沈的學生，對於相術學習，十分起勁，功力已逾入木三分強，多年前他已是術界小有名氣的老師，但為求更精進的相法，偶爾會與老沈討論面相習題。

　　記得Y君曾請教老沈，他問：「請問沈老師，你是如何把面相推論與反推論法，歸納並運用在六親的看論？」我回答：「眾多相書裡，只見到那種相理會傷剋父母，又那些眉形會影響兄弟手足事業的發展，或什麼鼻子會助夫、旺夫等等，都屬於單向條則式的對應論述，並沒有完整的章篇的介紹。」Y君說：「這種相法應該是沈老師的心得歸納囉！」我說：「應該是吧！」聰敏過人的他說：「這就是沈老師說的外襲法，對嗎？」我回答：「哈！聰明，我給的正名就是『外襲法』。」

　　那天，師生倆相談甚歡，就在臨別前，Y君突然問：「沈老師，那我該要注意什麼嗎？」這是個有趣的問題，因Y君的命理事業宏圖大展中，故其氣色早已出現一股明亮的光澤，但是Y君奸門也夾雜著嫣紅色，同時，眼神會微飄。

　　面相有一說一，就相說相。按這奸門嫣紅氣色，與眼神曇那間的飄移，這何不就是當下桃花糾纏的符號乎！因此，我微笑的對Y君說：「小心當下桃花喔！」

　　面相好好玩，當老沈話語一落，Y君在驚嚇與後悔下，頓時心理

強烈刺激生理下，腎上腺素立刻在他臉上，起了明顯的大變化，Y君原本光澤明亮的臉龐，突然間如抹了一層硃紅，通紅的氣色從臉上直竄至耳根與脖子。

驚嚇了！老沈一語道出Y君不為人知的一面，那知隱藏在他內心深處的個人隱私，卻被老沈一語說中的，Y君後悔，後悔這臨別之問，加上羞怯的心湧上心頭，於焉氣色怎能不暴大紅！

太不小心了！Y君這霎時間滿臉通紅的氣色，無不就是對號入座，與否認不掉的答案！

看論氣色，已在心術微處密窺得之，它不僅在精巧處意會，當然還可以用故事來言傳。不是嗎？

第200篇
貴婦説話如天籟之音！

古相書云：「察其聲氣，而測其度；視其聲華，而別其質；聽其聲勢，而觀其力；考其聲情，而推其徵。」這也具體說明了對聲音的觀察方法。

按聲音於發聲後，經由空氣的傳播，馬上形成疏密相間的波層，這一疏密波層，以它發出聲音的地方為中心，向上下左右前後佈成球狀，而作圓球形的頻率擴張。

女生音質愈佳，表現出的音色也就愈美；其心愈靜，反映出的音韻規律而悅耳，所以，在面相聲相的驗證下，多數貴婦都具有天籟之音！

這是《面相故事》第二集的完結篇，接續氣色故事後，來說一則

聲相的故事。

故事主角是台北的U小姐，記得兩年前的某上午，她來電說：「你是沈老師嗎？」我回答：「我是老沈，有何指教？」她說：「我要請你來台北幫我看相，多少錢我馬上付給你。」我回：「抱歉，老沈沒開館設硯，不幫人看相，請另覓高人。」

電話那端的U小姐接著說：「台灣沒有我請不動的命理老師，多少錢你儘管開！」老沈再度回答：「老沈不是命理師，看相並非我的工作，且我從不接受對不相關的人求相。」有趣，U小姐竟然說：「在台灣，你是第一個拒絕我的命理老師。」

短短的幾回對話中，U小姐的音質清潤舒緩，飄遠流長，音色如黃鶯出谷，竟是那麼悅耳，憑這天籟聲相當下老沈臆斷，U小姐應該是個大貴婦。

事隔多月，U小姐再次來電，說要購買老沈的四本著作，她傳來幾張相片說：「沈老師，我可以與你討論面相問題嗎？」驚艷，年約五十多歲的U小姐是個大美女，她還聰明地運用以相理討論方式代替強勢的求相。

相理討論？我暗自思量，U小姐不就是要老沈點出她的相理與休咎嗎？真是高招！

老沈直說：「U小姐，上回與妳對話，憑妳的天籟聲音，我就臆斷妳是個大貴婦，今天看見妳的照片，更足以說明，妳就是個大貴婦。所以我們就不用討論相理了。」

她笑了說：「說我大貴婦不敢當，物質生活是不虞匱乏，精神生活是滿心歡喜啦！謝謝老師的誇獎。」

機緣已到來！就在二月底，老沈在台北了辦一場面相專題演講，U小姐特地來捧場，還盛情的邀請老沈夫婦共進晚餐，她說起話來，眼神和惠且定，語調不疾不徐，表情如一，竟是那麼溫柔婉約。這種聲音與神情，若說她不是貴婦，誰才是貴婦？

用餐中，U小姐問：「請問老師，何以聲音可以辨識富貴與貧

賤？」

　　何以聽聲相可以推斷富貴貧賤，老沈以五點細說分曉如下：

一、聲相是生理與心理交會運作出來的結果，生理反應健康，心理反應個性。

二、舉凡人之發聲，因體質與個性不同，則振鳴發出的聲音則相異，故音質、音色、音量、音速也不盡相同。

三、音色美者其質量華，故主貴；音色濁者其質量薄，故主賤。音量音速適宜者，主貴；音量大，音速湍急者，主賤。

四、秉賦高貴者，氣深而力足，心緩而氣舒，聲音自然清潤宏亮，飄遠流長；資質劣下者，氣淺而力不足，音濁聲啞，話語中則反射出傲癖燥急的個性。

五、相有「求全在聲」的說法，聲音的質、色、速與身體音量比例，構成聲相法的四大綱領，都是富貴貧賤、吉凶福禍、壽夭窮通等，判讀的關鍵。

　　老沈以上列五端回覆了U小姐的問題，U小姐驚訝地說：「老師相學功力高深莫測，難怪今天的演講會大爆滿！」慚愧！功力高深莫測不敢受誇，專題演講爆滿倒是真的！

　　相書云：上相相聲，次相相骨，相形為下。從U小姐的聲相再次證明，老祖宗的智慧，不容優秀後代子孫們，繼續懷疑！

國家圖書館出版品預行編目資料

面相故事 第二集／沈全榮 編著. --初版.--臺中
市：白象文化事業有限公司，2021.10
　　面；　公分
ISBN 978-626-7018-50-7（平裝）
1.面相
293.21　　　　　　　　　　　110013004

面相故事 第二集

作　　者　沈全榮
校　　對　黃延真
發 行 人　張輝潭
出版發行　白象文化事業有限公司
　　　　　412台中市大里區科技路1號8樓之2（台中軟體園區）
　　　　　出版專線：（04）2496-5995　　傳真：（04）2496-9901
　　　　　401台中市東區和平街228巷44號（經銷部）
　　　　　購書專線：（04）2220-8589　　傳真：（04）2220-8505
專案主編　陳逸儒
出版編印　林榮威、陳逸儒、黃麗穎、水邊、陳婷婷、李婕
設計創意　張禮南、何佳諠
經銷推廣　李莉吟、莊博亞、劉育姍、李如玉
經紀企劃　張輝潭、徐錦淳、廖書湘、黃姿虹
營運管理　林金郎、曾千熏
印　　刷　基盛印刷工場
初版一刷　2021年10月
定　　價　500元